FUORI SCENA

Raccontiamo quello che non si vede

PINO CORRIAS

Ghiaccio blu

FUORI SCENA

ISBN 979-12-225-0057-7

Prima edizione: gennaio 2025

Navigherò, per sempre, in cielo.
dal *Libro dei morti dei Faraoni*

Introduzione

Questa di Joseph Paul Jernigan è storia d'altro secolo, dicono le date. Ma ancora ci riguarda. Contiene il male e il bene, il dolore e il suo risarcimento, le regole della giustizia, la mappa sorprendente di una singola avventura umana e quella collettiva del vivere sociale, il senso universale della vita. E il significato del suo irreversibile contrario.

Trent'anni fa come oggi. Non sono cambiate e non potevano cambiare le radici della radiosa America intrecciate sempre con la violenza, il sangue, la vendetta, territori dentro i quali ho viaggiato allora – tra le Freeway che corrono da Houston a Dallas, passando per Waco e Corsicana – a illuminare la storia di un uomo, il detenuto JPJ, numero 699, giustiziato il 5 agosto 1993 e poi sepolto, per la prima volta al mondo, nel buio della Rete, trasformato nella mappa digitale di tutti i corpi maschili, virato in blu, il colore del mare profondo, del tempo senza rimedio, della solitudine.

Mi attrasse il paradosso che di quel maschio bianco, usato in tutte le cattedre di Anatomia, disponibile dentro a ogni computer, potevamo conoscere ogni millimetro di perfezione o imperfezione del suo corpo eternizzato, ogni dettaglio del suo sistema linfatico, del suo cervello, del suo cuore, ma nulla della sua storia qui sulla Terra, non gli istanti della sua vita, durata appena trentanove anni, la concatenazione di eventi che lo avevano condotto a uccidere e a essere ucciso. Uccidere per una malandata rapina finita peggio, in trenta minuti di crudeltà. Ucciso dopo dodici anni di segregazione nel braccio della morte del carcere di Huntsville, Texas, il più grande mattatoio legale d'America che a quell'epoca aveva giustiziato un centinaio di detenuti, diventati più di cinquecento in questi anni. Tutti addormentati e uccisi con l'iniezione letale. Tutti prima stesi e poi legati a una speciale struttura d'acciaio che li imprigiona a braccia spalancate, proprio a formare la croce, simbolo di ogni afflizione, ma non della misericordia che pure dovrebbe contenere.

Era l'America di Clinton, allora. L'America democratica e liberal, anche se con pochi riverberi nella Lone Star del Texas, lo Stato più armato e più irritabile della Confederazione, eterna frontiera del sogno americano dove viaggiano insieme i cavalli e i cuor selvaggi raccontati da Cormac McCarthy. Seguendo la traiettoria di JPJ volevo raccontare quella serratura d'America che ancora oggi ci spalanca uno dei suoi lati peggiori, la pena di morte, ritualizzata come risarcimento sociale alla violenza, ottusamente raddoppiata nella violenza della punizione. Scandalo a cui non tutta l'America si rassegna, allora come oggi, nonostante la sua maggioranza abbia scelto per la seconda volta i muscoli di Donald Trump e le sue risonanti promesse a fronteggiare il labirinto delle proprie paure.

JPJ aveva confessato, era colpevole. Cinque volte aveva chiesto la grazia. Cinque volte gliela avevano rifiutata. «I diavoli non cambiano» dice l'inchiostro con cui sono scritte le sentenze della pena di morte. Anche se è quasi sempre vero il contrario.

Alla fine, non vedeva l'ora di perfezionare il suo «biglietto per il paradiso»: il dono anonimo alla società e alla scienza dell'unica cosa che aveva mai posseduto in vita, il corpo. Che si è lasciato dietro senza identità, senza storia, senza neanche il «*last statement*», l'ultima dichiarazione. Il mio viaggio e questo libro valgono come risarcimento a quel vuoto e al suo significato.

P.C. – Roma, dicembre 2024

A colazione con il vivo e con il morto

Tutto intorno: ghiaccio blu. La notte prima c'è stata la terza tormenta di neve, qui a Reston, Virginia. Però la mattinata è bellissima: tutti i cristalli dello Sheraton Hotel fiammeggiano di sole e il bioingegnere Victor M. Spitzer, quarantotto anni, giacca di tweed, e capelli biondi appena lavati, cammina dritto dentro la luce dei corridoi, verso le poltroncine del breakfast e il nostro appuntamento.

Sottobraccio porta una dozzina di fotografie del più perfetto atlante del corpo umano. Lo ha costruito lui, con una sega circolare, il ghiaccio, tre macchine fotografiche ad alta risoluzione, quindici uomini di staff, il più potente computer della Colorado University, 1,4 milioni di dollari stanziati dalla National Library of Medicine di Washington e un corpo congelato. Il corpo apparteneva a un assassino. L'assassino è stato assassinato.

Si chiamava Joseph Paul Jernigan, trentanove anni, altezza 1,87, peso novantatré chili, razza bianca. Il suo cuore ha smesso di battere alle 0.31 del 5 agosto 1993, nella camera della morte, la numero 17, del penitenziario Wall Unit di Huntsville, Texas, dopo dodici anni di detenzione, quando il cloruro di potassio gli ha allagato le vene e poi le arterie, raggiungendo il suo cervello terrorizzato.

Victor Spitzer dice: «Eccomi qua. Sono affamato come un lupo». Si è svegliato alle 6.30. È sceso in tuta per il jogging. Ha corso tra i cespugli del parco coperto di neve, guardando fisso le colline al di là delle quali corre l'Interstate 495 per la capitale, Washington D.C., che i notiziari dell'alba danno già bloccata dalla neve. È un febbraio tormentato questo del 1996 – il peggiore, da una ventina d'anni – ma l'aria ghiacciata è limpidissima. E Spitzer si gode il tepore dei muscoli che scattano in sincronia perfetta con il respiro e i pensieri. Dimostra meno dei suoi anni. È alto un metro e ottanta, fisico asciutto, occhi celesti. Qualche volta gioca ancora a football, si concede al massimo un paio di birre dopo cena, non fuma; tra una settimana, dopo un convegno di radiologi a Seattle, andrà a pescare con i suoi vecchi amici del college. È in forma smagliante e lo sa.

Dopo i quarantacinque minuti di corsa si è infilato sotto al getto d'acqua bollente della sua stanza al quattordicesimo piano dell'albergo, moquette salmone, letto a fiori, tavolo nero sopra al quale il suo Macintosh portatile manda bagliori blu. Ha chiamato la moglie Susan per darle il buongiorno e chiedere notizie dei due figli. Appena ha messo giù il telefono ha pensato alla sua grande casa nel sobborgo bianco di Denver, Colorado, a quattro ore d'aereo da qui. Poi ha guardato l'agenda, controllato per la terza volta l'orologio e ha deciso di lasciare un messaggio nella e-mail del suo studio al Dipartimento di Biologia Cellulare della University of Colorado Health Sciences Center, in modo che la sua segretaria, tra meno di un'ora, possa aggiornare il planning dei suoi spostamenti.

Questa mattina parteciperà a un briefing con uomini del Pentagono per applicazioni militari dei suoi studi sulle radiazioni e la cosa non lo imbarazza per niente. Dirà: «Loro finanziano, io faccio il mio lavoro. È un fatto», e allargherà le mani che sono quelle di un ragazzo americano, ottimista, sorridente, seduto al breakfast dello Sheraton Hotel, abituato a concentrarsi su una sola cosa alla volta, ora, per esempio, sulla carta del menù da cui sceglie caffè, uova fritte, bacon, pane tostato e burro. Più il succo di lamponi che è appena arrivato al tavolo, lamponi rosso sangue.

Abbiamo cominciato a parlare senza troppi convenevoli, perché la sua è una cordialità naturale, oltreché misurata in minutaggi professionali.

«Vediamo...» dice dopo essersi scottato le labbra con il caffè bollente che gli ha appena versato il piccolo cameriere messicano. «Mmm... Se non sbaglio era la mattina del 24 gennaio 1994 quando io e David, il dottor David Whitlock, abbiamo *segato* in quattro parti il corpo di Joseph Paul Jernigan. Eravamo nella cella frigorifera del laboratorio, ma... Gesù, sudavamo come matti, con i guanti, la tuta, la maschera, perché alla fine avevamo deciso di tagliarlo a mano, usando una sega speciale, di quelle ad arco, io da una parte, David dall'altra... Molto sudati.»

Era una lama ad alta precisione, un filo d'acciaio dello spessore di 1,3 millimetri, con seghettatura finissima, tirato a una tensione di 4000 pound, cioè un po' più di 1800 chili. Il primo taglio all'altezza dello sterno. Il secondo appena sotto l'inguine. Il terzo alla base della rotula. Suddividerlo avrebbe reso più maneggevole il corpo, dato che sarebbe stato sezionato orizzontalmente e fotografato, dalla testa fino ai piedi, un millimetro alla volta, per quattro mesi.

Spitzer imburra il secondo toast, sorride, appoggia la fetta nel piatto, e allunga le due mani aperte verso il centro del tavolo, come afferrasse un grosso blocco di ghiaccio. Vuole spiegarsi per bene: «I quattro pezzi li abbiamo messi in quattro casse di legno vetrificato e poi ricoperti di gelatina blu. Quindi alla fine avevamo quattro grossi blocchi di ghiaccio blu, ognuno con un pezzo del corpo di Jernigan al centro... Ha presente gli insetti fossili imprigionati nell'ambra? Perfetto. Ognuno di questi blocchi era alto più o meno cinquanta centimetri... Ma non è esatto dire che nei quattro mesi successivi li abbiamo sezionati...».

No?

«No, li abbiamo... mmmh... *grated*...»

Grattugiati?

«*Planed.*»

Il corpo di Joseph Paul Jernigan è stato *piallato*?

«Esatto. Tutti e quattro i blocchi. Passava una lama rotante controllata da un computer e asportava un millimetro di ghiaccio e carne oppure ghiaccio e ossa, che si sbriciolavano per terra... Le tre macchine fotografiche, tutte Hasselblad con lenti Rolleiflex e una pellicola ad alta risoluzione, fotografavano, dall'alto verso il basso, il corpo dentro al blocco di ghiaccio. Ripassava la lama togliendo un altro millimetro di *roba*, nuova foto al blocco. E così via, piallandolo. E lei capisce che senza il ghiaccio sarebbe stato molto più complicato maneggiare un corpo intero, specie *quel* corpo, il migliore che mi sia capitato...» dice soddisfatto.

Avendolo congelato alla temperatura di 70 gradi sottozero, ogni punto del corpo di Joseph Paul Jernigan ha assunto l'identica durezza («Pensi ai denti o al fegato o alle cartilagini o al bulbo oculare... In condizioni normali sono molto diversi tra loro, ovvio, ma quando vengono congelati a una temperatura così bassa, non c'è più nessuna differenza nella loro consistenza, capisce?»). Tutto perfettamente omogeneo. Perfettamente compatto: «Pensi ai tendini, sono talmente elastici, talmente robusti, che rischiavamo di vederceli scivolare dentro al ghiaccio, sarebbe bastato uno spostamento di pochi millimetri per rovinare il lavoro... Invece con quella temperatura hanno tenuto».

Spitzer riprende la fetta di toast. Si versa dell'altro caffè, il sole illumina l'acciaio dei coltelli e dei cucchiai qui sulla tavola dello Sheraton Hotel. Il burro si sta sciogliendo (o *scongelando*), anche se al di là delle grandi vetrate e per alcune centinaia di miglia le case, le colline, le autostrade, sono imprigionate dentro al ghiaccio.

Spiega: «Rendere di consistenza identica le differenti parti del corpo di Jernigan era indispensabile per almeno due ragioni. La prima è che più un corpo è compatto meno subisce distorsioni durante il passaggio della lama: se io provo a tagliare questo pezzo di pane, più è morbido più si deforma...».

Mi fa vedere: preme con il coltello e la mollica *si deforma*.

Continua: «La seconda è di limitare al massimo le dispersioni di materia...». Affonda il coltello, taglia, e una striscia sottile di mollica si sbriciola. «In effetti» soffia Spitzer mentre con la lama raccoglie le briciole, ne fa una riga, poi con un colpetto la disperde sulla tovaglia, «con i primi tre tagli, quelli che abbiamo fatto a mano io e David, e nonostante tutte le precauzioni, ci siamo persi circa quattro millimetri di corpo... Purtroppo è un fatto.»

La cosa ha l'aria di rattristarlo anche adesso che sono passati un paio d'anni e nonostante la soddisfazione con cui si aggiusta i capelli a fine colazione: «Per l'esattezza abbiamo perso tre volte lo spessore della lama... In tutto 3,9 millimetri del signor Jernigan non ci sono più, spariti. *Dissolti*».

A risarcimento di quei 3,9 millimetri di materia dissolta, il dottor Victor M. Spitzer ha fabbricato una speciale eternità agli altri 1871 millimetri di carne, ossa, sangue, nervi, muscoli del signor Joseph Paul Jernigan, trasformandoli in una mappa perpetua fatta di luce e numeri. La Mappa dell'Uomo, il Visible Man, il più perfetto atlante del corpo *umano* mai avuto a disposizione dai vivi, generatore di infinite realtà virtuali a tre dimensioni. «Né un sogno, né un incubo, ma un fatto» dice Spitzer.

Non un sogno, né un incubo, ma proprio un fatto che da allora abita *dentro* al nostro mondo parallelo. E si sta sviluppando a partire da quelle fotografie che poi sono state digitalizzate e trasferite dentro al cyberspazio dei computer, dove la nuova materia non invecchia e non si consuma, non ha peso, né sostanza, è sottratta al tempo umano, è solo memoria, non ricordo, proprio memoria di silicio, istantanea quanto lo consentono le molecole computazionali che si riaggregano e si separano come il mercurio liquido sulla lastra perfettamente liscia dei codici numerici. «Sì, se vuole possiamo anche metterla così: il mio progetto non era altro che questo, trasformare il corpo di un maschio perfetto in numeri. Per l'esattezza Joseph Paul Jernigan, oggi, è un aggregato di numeri...»

Quanti? Spitzer guarda il sole e la neve, beve il succo di lamponi, si pulisce con il tovagliolo: «Direi, più o meno: 17 miliardi di numeri».

L'ultima contrazione dei suoi muscoli, che erano potenti e allenati dal body building in cella, si è irrigidita in una morte speciale, *inconclusa*, sebbene fosse stata programmata per tempo dallo Stato del Texas, eseguita con 70 dollari e 53 centesimi di iniezione letale, dopo una spesa complessiva che ha sfiorato i 2 milioni di dollari per i dodici anni di battaglie legali e detenzione, finalizzate all'assassinio di un assassino.

Di quella morte si sono impadroniti (legalmente impadroniti) i due scienziati Victor M. Spitzer e David Whitlock per trasformarla in un progetto destinato ai vivi (che temono la morte). E se per molti millenni – dalle bende e dalle maschere d'oro degli egizi, ai dolmen dei celti, ai marmi, alle croci, alle iscrizioni, fino alle azalee sfiorite dei nostri cimiteri – gli uomini hanno custodito i morti nel ricordo rendendogli l'omaggio delle religioni e dei sentimenti, mai prima d'ora un corpo, dematerializzato e ricostruito, era stato inumato al di là degli schermi dei videoterminali.

Dice la Storia dell'uomo che una società definisce la propria cultura e le proprie coesioni non solamente sui riti della caccia e dei raccolti benedetti (entrambi) dagli dèi irritabili comparsi dal cielo e dalle montagne, dalle acque salate o dal fuoco, né solamente (si fonda) sul sangue e sullo sperma dei progenitori e sulla lingua della propria storia, ma anche (e specialmente) sulla custodia dei propri morti.

Così dopo un intero viaggio americano – neve e hamburger consumati a bordo di una Mercury Sable Ls, penitenziari circondati da reti elettrificate, detenuti vivi in attesa della morte, funzionari morti in attesa della vita, scienziati salutisti, notti senza rumori ai bordi degli Stati, o dentro camere d'albergo da 80 dollari, davanti alle pianure bruciate del Texas e alle fredde montagne di cristallo di New York, negli spazi vuoti degli aeroporti o nello specchio nero di un caffè – ho scoperto che la traccia e la verità della speciale morte di Joseph Paul Jernigan, la traccia e la verità della sua speciale vita, è così estesa, così diffusa, così persistente, da raggiungere, collegarsi e manifestarsi dentro qualunque ronzio di computer.

Lui ora sta nell'ovunque planetario di internet. Non è più vivo, ma non è più nemmeno morto. Il suo corpo è stato eternizzato dai nuovi sacerdoti dell'era digitale. Che lo hanno analizzato, irradiato, ripulito, depilato, congelato, tagliato in quattro parti (perdendone 3,9 millimetri) e poi *piallato*. Digitalizzato numero per numero. Ricostruito grazie a una mezza dozzina di macchine ad alta tecnologia che gli hanno lavorato intorno, sopra e dentro, ma così velocemente che per partorirlo non hanno impiegato nove mesi, ma meno della metà.

Da questo punto di vista Joseph Paul Jernigan, trasformato in diciassette gigabyte, non è più umano. Ma ha a che fare con gli uomini. Non è inumano, ma ha a che fare con le macchine. Non è un cyborg e non è un fantasma. È reale e insieme virtuale.

E probabilmente ha ragione un altro bioingegnere, incontrato molti mesi dopo, in una giornata di piena primavera, tra le colline così verdi da sembrare blu della periferia di Bologna: Alex Sarti, trentatré anni, ricercatore del Centro di Supercalcolo del Cineca, occhi lucidi di computer, magro, barba sfatta, che tiene sul suo tavolo i nove floppy che contengono Joseph Paul Jernigan, e sta progettando con un gigantesco Cray (in grado di operare su un miliardo di operazioni al secondo) una serie di configurazioni virtuali generate dalle molecole computazionali della sua mascella sinistra (la mascella sinistra di Joseph Paul Jernigan) per l'Istituto Ortopedico Rizzoli di Bologna. Probabilmente ha ragione quando mi dice «che questo corpo è molto più di un fantasma immateriale».

È più vicino a noi di quanto riusciamo a immaginare e non solo perché 126 facoltà di Medicina americane e altrettante in Europa, in Oriente, in Australia lo hanno già in rete. Non solo perché tutti i nuovi manuali di anatomia useranno le sue immagini. Non solo perché migliaia di studenti lo stanno manipolando per le autopsie virtuali, e migliaia di chirurghi si eserciteranno sul taglio delle sue masse muscolari. Né perché la sua immagine bazzica gli Studios di Hollywood, i laboratori della Nasa e i Cd-Rom didattici.

Ma: «Questo corpo è molto più di un fantasma immateriale» dice Alex Sarti con i suoi occhi scintillanti, «perché se lei ci pensa bene è il primo uomo che abbiamo sepolto dentro a un'urna numerica. È la prima biomacchina, il risultato di un sapere umano trasformato in qualcosa d'altro, dissolto e ricomposto al di là dello spazio conosciuto e al di là del tempo tradizionale. Noi non sappiamo *esattamente* dove sia, ma sappiamo, trascurando la sua immensa quantità di informazioni e potenzialità scientifiche, che a partire da lui, da quel corpo, è stata fondata la nuova ritualità funeraria della civiltà numerica. Provi a pensarci e provi a ridurre al minimo quello che è successo...».

È successo che la comunità umana degli Stati Uniti d'America, il Paese più ricco, più sviluppato e incidentalmente più violento del pianeta, ha ucciso un uomo colpevole di avere ucciso un altro uomo, secondo una consuetudine che ha qualche decina di migliaia di anni. E, con la forza di quel passato, lo ha destinato al futuro di un presente tecnologico perpetuo. Per servirsene. Separandone il corpo dalla vita – uno ricreato come matrice intatta, l'altra dissolta per volontà di legge – ha generato un fatto (scientifico, culturale, emotivo) del tutto nuovo, non ancora nominato, né nominabile.

E quando la madre di Paul, Annabelle McHenry Jernigan, in una polverosa mattina, davanti alla sua casa di Corsicana, Texas, mi ha detto: «Non voglio più parlare di mio figlio... Perché non c'è un solo posto al mondo dove io possa piangerlo, a meno che non vada a inginocchiarmi davanti a uno stramaledetto computer...», ho cominciato a capire che quel corpo stava iniziando a tramandare la sua storia affinché noi potessimo restituirgli l'unico luogo che gli era stato negato, quello della sua *precedente* vita.

E che bisognava ritrovare tutte le parole necessarie, tutte le storie, compresa la violenza e l'orrore, il carcere e i lividi, le anfetamine, la birra, l'amore, i pomeriggi senza niente, i processi, il fucile calibro 4.10 e gli anni (o almeno un giorno) passati sotto le luci accese del braccio della morte di Ellis One, per riempire quel vuoto.

Così Paul non sarà più solo una mandibola o il calcolo della tensione di un tessuto, un ipertesto o un multiplo segno di ideografia dinamica. Ma un'intera reliquia.

Joseph Paul Jernigan *è* la reliquia.

E ci arriva da un futuro prossimo, la civiltà delle biomacchine, che finirà per rendere l'uomo reale un rumore trascurabile, anche se Annabelle Jernigan dovesse mai decidersi a inginocchiarsi davanti a un giocattolo Ibm.

Victor M. Spitzer avrebbe sorriso, quella mattina allo Sheraton Hotel di Reston, Virginia, appoggiato alla tovaglia bianca, macchiata dal rosso dei lamponi, se gli avessi spiegato la storia della reliquia.

Invece il suo minutaggio lo fa scattare in piedi: «È tardi» dice soffiando. «Le lascio le foto nella cartella gialla... Prima di sera ho ancora un'ora e mezza libera, se vuole mi lasci un messaggio alla reception... Comunque se lei desidera incontrare il signor Jernigan non c'è problema. Le scrivo l'indirizzo.»

Prende un tovagliolo di carta, un pennarello dalla tasca interna: *mi sta scrivendo l'indirizzo* di un uomo morto tre anni fa.

Scrive: «World Wide Web http://www.nlm.nih.gov». Ricontrolla, poi ride e allarga gli occhi: «Lei suoni, dovrebbe trovarlo in casa, non esce *quasi* mai».

JPJ allo specchio, ripensando a Vicky, ma non ancora al destino

McKenzy Street, Waco, Texas, venerdì 3 luglio 1981.

Sono le dieci del mattino. Le zanzare hanno fatto festa tutta la notte, fuori ci sono già 32 gradi e i cespugli oltre lo steccato cominceranno a tremolare nell'aria calda. Le persiane arancioni sono ancora chiuse. La cucina è in penombra. La maledetta luce del frigorifero è morta da almeno un secolo. Un giorno o l'altro bisognerà comprare la lampadina.

Dopo aver stappato la seconda lattina di Bud ghiacciata, Joseph Paul Jernigan, ventisette anni, dà un'occhiata al disastro della cucina immersa nel grigio – i piatti galleggiano nell'acquaio, una bottiglia di gin è rotolata per terra, il Jell-O alla fragola si è squagliato nella tazza e un paio di mosche ci sono annegate dentro, c'è marijuana sparpagliata sul tavolo, cartine imbevute di birra, briciole di pane, una fetta di pizza con i cetrioli coperta di scarafaggi – lui guarda tutto quanto, dà un altro sorso, si massaggia il collo e decide di andare a lavarsi la faccia.

Lo specchio del bagno registra quanto segue: maschio, bianco, 1,87 di altezza. Occhi verdi, sopracciglia sottili. Capelli neri, lisci, lunghi, pettinati all'indietro. Basette fino a metà guancia. Zigomi alti, mascella sfuggente. Bocca pronunciata. Collo grosso. Spalle robuste. Pettorali ampi. Una farfalla blu tatuata sul bicipite sinistro.

Se non fosse per il naso dritto, e per lo stomaco dilatato dall'alcol, diresti un pugile appena fuori forma. Negli occhi verdi una fissità ottusa, dura, concentrata sul ring di un giorno alla volta. Lo sguardo di chi non ha mai molto dormito, animale notturno dai nervi tesi, imprevedibile.

Il suo amico Roy Lamb, diciotto anni appena compiuti, è in mutande sul divano sfondato. Ha letto un'intera pagina di sport del «Corsicana Daily Sun» prima di accorgersi che è vecchia di tre giorni. Ha acceso la tv. La preistorica Westinghouse 24 pollici stamattina trasmette solo nebbia. Due giorni fa Paul ha provato a sistemare l'antenna sul tetto, ma le viti si sono spanate, lui si è innervosito, ha preso a calci l'antenna, poi ha perso l'equilibrio e a momenti veniva giù dal tetto insieme ai fili, al cacciavite e a tutto il resto.

Così ieri sera Roy è salito sul tetto. Ha sistemato il ferro, giusto in tempo per godersi il *Jeopardy!*, mentre Paul preparava un paio di joint lavorandoseli sopra un grande atlante degli Stati Uniti d'America, e intanto mangiava crackers Ritz al formaggio francese versati dentro uno strano piatto di cuoio, rame e vetro colorato.

La marijuana l'aveva comprata dalle parti di Hubbard, 15 dollari per mezza oncia, ma il piatto, l'atlante e i crackers al formaggio francese, erano una parte del bottino della sua ultima caccia: il sesto furto con scasso in meno di un mese, dentro case che assomigliano a questa, coperte di polvere bollente, isolate fra le statali, dove di notte le macchine passano senza fare vento. «Lavoretti facili facili» diceva Paul. E il suo amico Roy Lamb lo guardava con i suoi occhi neri, ammirati e sospettosi. «Non ci vuole un gran fegato» gli diceva Paul, «basta fare attenzione... Entri e prendi quello che ti serve.»

Semplice. *Moolto semplice.*

TEXAS DEPARTMENT OF CORRECTIONS (TDC)
UFFICIO DI CLASSIFICAZIONE
Numero del detenuto 000 699 – Braccio della morte
Documento a cura del Social Service
protocollato il 25 novembre 1985

Criminal History
Il detenuto Jernigan dichiara di avere avuto il suo primo contatto con la Legge all'età di diciannove anni, nel mese di agosto del 1973. È stato arrestato per furto con scasso. La spiegazione del detenuto Jernigan al suo primo reato è che semplicemente aveva bisogno di soldi. Altresì dichiara che la ragione dei suoi successivi reati è identica.
Il detenuto Jernigan – fino al 1981 – ha subìto due condanne. La prima, numero di classificazione 240703 Tdc, per il reato di furto con scasso, commesso il 23 agosto 1973, pena cinque anni di detenzione, tramutata in un anno e mezzo più tre anni e mezzo di libertà vigilata.
La seconda, numero di classificazione 257784 Tdc, per il reato di furto con scasso, commesso l'11 marzo 1976, pena dieci anni, tramutata in quattro anni più sei di libertà vigilata.
Il detenuto conferma di essere stato arrestato in tutto quattro volte – fino al 1981 – due per i sunnominati furti con scasso e due per lesioni aggravate.

McKenzy Street, Waco, Texas, venerdì 3 luglio 1981.

Paul e Roy adesso stanno fumando sul divano. La tv trasmette nebbia senza audio. Paul ha stappato la terza lattina, suda, e tiene gli occhi chiusi. Ieri sera hanno scaricato dalla sua Dodge del 1969 due sedie, una poltrona di finta pelle nera, tre scatole di dischi. Tutta roba che stava a casa della madre e del *vecchio*, su a Corsicana, dai tempi in cui lui viveva chiuso nella Estelle Unit di Huntsville, livello di detenzione: recidivi, dopo la seconda condanna. Dieci anni di sentenza, diventati quattro (di inferno e sudore) e poi fuori, a respirare l'aria della libertà vigilata. «Mai più in una schifosa galera» si era detto Paul. «Mai più.» E c'erano cose che ormai lo visitavano ogni notte, anche da libero, come se avesse sbarre e serrature conficcate da qualche parte nel cervello.

Per esempio, sognava il bastone delle guardie premuto sulla carotide. Il maiale marcio nel piatto. La notte che ti toglie il respiro. La paura. Il buco del culo sanguinante quando era stato violentato da Emerson L. Knepper, il Porco. Le docce gelate per punizione. Il cazzo in fiamme quando si masturbava. Le crisi di asma in cella. La madre che ai colloqui piangeva. Il pozzo dentro a cui precipitava. E precipitava, precipitava...

«Mai più dentro una galera» aveva giurato, uscendo dall'ultimo cancello della Estelle Unit, libertà vigilata, la mattina del 19 febbraio 1980, con tutta la sua roba nel sacco blu, che poi erano due romanzi di Eddy Lamare, la Bibbia, una decina di lettere della madre, il suo giubbotto di lana, tre paia di mutande e tre paia di calze bucate. «Mai più.»

Tra i dischi che si è portato a casa c'è *Imagine* di John Lennon, una delle poche canzoni che possono anche commuoverlo. Sul giradischi sta suonando proprio quella. Solo che adesso Paul non ha nessuna voglia di commuoversi. La vita non è niente male: ha da mangiare, da bere e da fumare, più un paio di centoni in tasca. E un giorno o l'altro – appena finita la libertà vigilata – partirà per il suo famoso viaggio in California...

In effetti Paul sta ridendo a occhi chiusi. Ha promesso a Roy di riaccompagnarlo in mattinata a Corsicana. E sulla strada, la Highway 31, ci sono tante case sparpagliate... Come no, ecco quello che gli ha appena sfornato il suo cervello, «tante case sparpagliate come vacche, che aspettano solo di essere *munte*». Stamattina Paul si sente carico come una sveglia. Dice a Roy: «Sono carico come una sveglia».

Cinque mesi dopo essere uscito di prigione, Paul ha conosciuto Vicky, Vicky Lynn, ventisei anni, bionda... Bionda almeno quando l'ha incontrata lui quel sabato sera al Bull Winkles Restaurant & Sports Bar, un'ora a nord di Corsicana, sulla Interstate 45. Lei stava appoggiata a uno dei quattro tavoli da biliardo, aveva jeans aderenti come un guanto, stivaletti bianchi di finto coccodrillo, con la punta all'insù, e una camicia di pizzo rosa. Beveva ginger ale con la cannuccia. Lui le offrì del bourbon dalla fiaschetta piatta che di solito teneva nella tasca posteriore dei jeans. Lei rise. Lui le disse: «Mi chiamo Paul».

Vicky faceva la cassiera al Shuster & Shuster di Waco. Aveva unghie laccate di rosso. Fino a un anno prima aveva avuto problemi con l'alcol. Era divorziata da un paio di anni. Oltre ai lividi e all'alcolismo, da quel matrimonio ci aveva guadagnato alimenti per 350 dollari al mese che non vedeva mai, e due figlie che le toccava vedere tutti i giorni. Gesù, a ventisei anni, con un *coorpo* così, e tutta la vita ancora da vivere. Le sarebbe piaciuto trasferirsi dalle parti di Austin, avere il tempo e i soldi per andare due volte alla settimana da un *vero* parrucchiere, e abitare in un appartamento con l'aria condizionata. Invece viveva a Waco, in una casa da *schifo*. Così lei sorrise e gli disse: «Mi chiamo Vicky».

Prima dell'alba lei gli stava sbottonando i calzoni sul sedile posteriore della Dodge. Un mese e mezzo più tardi, l'8 settembre 1980, nella chiesa battista di Corsicana, il reverendo Derrill, che aveva la voce dolce come quella di una sega elettrica in funzione («...aiutarvi e rispettarvi... finché morte non vi separi...») li unì in matrimonio.

Dietro al primo banco della chiesa c'era (quasi) tutta la famiglia di Paul. Annabelle, la madre, con un piccolo cappello color panna con la veletta bianca. Il vecchio che masticava tabacco e guardava *intensamente* Vicky. I due fratelli Charles e Fred con le sottili cravatte di cuoio; le sorelle Sharon e Judith. Mancava Bobby, il maggiore di tutti e sei i figli, che stava da qualche parte in Oregon a servire l'esercito degli Stati Uniti d'America, con un M16 in braccio.

TEXAS DEPARTMENT OF CORRECTIONS (TDC)
UFFICIO DI CLASSIFICAZIONE
Numero del detenuto 000 699 – Braccio della morte
Documento a cura del Social Service
protocollato il 25 novembre 1983

Family History
Il detenuto Jernigan è nato a Geneva, Illinois, il 31 gennaio 1954, ultimogenito di sei figli. La sua famiglia si trasferì a Chicago, Illinois, dove visse fino a quando lui compì dieci anni. I genitori del detenuto Jernigan divorziarono quando lui aveva tre anni, e sua madre Annabelle (Pyle) Jernigan si risposò quando lui aveva compiuto tredici anni. A Chicago, la famiglia viveva in un appartamento di tre camere di un palazzo di edilizia popolare. Il detenuto Jernigan dichiara che il padre naturale era un Park Ranger, una guardia forestale, ma che mai aiutò la famiglia dopo il divorzio. A tutt'oggi non l'ha più visto.
Il detenuto Jernigan dichiara che sua madre, a quell'epoca, lavorava come commessa in un negozio di giocattoli.
Il detenuto Jernigan dichiara che sua madre si risposò con Don McHenry, autista di camion. La famiglia si trasferì a Corsicana, Texas, quando il detenuto Jernigan aveva quattordici anni.
Il detenuto Jernigan dichiara che suo padre adottivo era molto severo, qualche volta violento, quasi sempre silenzioso, e

tra i due non c'era una grande comunicazione. Comunque il detenuto Jernigan si sentiva a suo agio con gli altri membri della famiglia.
Il detenuto Jernigan dichiara che da quando sua madre si risposò, la situazione finanziaria della famiglia cominciò a migliorare, anche se non molto.

McKenzy Street, Waco, Texas, venerdì 3 luglio 1981.

La Dodge, modello 1969, si mette in moto al primo colpo. Il motore è una specie di carillon, 4500 centimetri cubici di ferri vecchi che danzano come fossero nuovi, perché Paul, quando stava sotto le armi in Germania, Terza Divisione Fanteria, presidio Nato di Aschaffenburg, anno 1971, era diventato il miglior meccanico della squadra.

Questo accadeva prima che gli trovassero morfina e metadrina nel sangue. E prima che, durante la seconda notte del suo ricovero forzato nell'infermeria della caserma, inzuppasse le lenzuola con tutto quel sangue. Il *suo* sangue che defluiva dai polsi che si era appena aperto con due incisioni rabbiose, usando il vetro scheggiato di una grossa fiala di acqua distillata. A diciassette anni.

E insomma prima che i dottori e i papaveri dello Zio Sam lo sbattessero fuori dall'esercito per essere un *drug abuser*, un tossicodipendente, rispedendolo al di là dell'oceano nell'ospedale per veterani di Camp Kilmer, New York, dove altri medici lo sottoposero a un trattamento di disintossicazione. Sessanta giorni di quiete mortale – a parte la birra di contrabbando e il vomito notturno – conclusi con un mucchio di fogli plastificati, dove gli spiegavano che lui, il giovane e atletico Paul Jernigan, novanta chili di muscoli, in gamba quanto basta per rimettere in sesto qualunque motore, possedeva «una personalità passivo-aggressiva, incapace di controllare i propri stati d'animo».

All'infermiera che la mattina di Pasqua del 1972 gli riconsegnò i vestiti borghesi e tutta quanta la documentazione del congedo, lui provò a spiegare che razza di stronzata stavano commettendo e che a tutti capitano dei periodi storti nella vita, anche se uno è un meccanico coi fiocchi... Ma siccome quella lo guardava ruminando impassibile una gomma grande quanto una palla da baseball, Paul le disse anche, *e non molto cortesemente*, dove secondo lui, stupida succhiagomme, avrebbe dovuto infilarsi tutto il mucchio di fogli plastificati. E se ne andò facendo tremare le doppie vetrate dei corridoi dell'ospedale per veterani di Camp Kilmer.

TEXAS DEPARTMENT OF CORRECTIONS (TDC)
UFFICIO DI CLASSIFICAZIONE
Numero del detenuto 000 699 – Braccio della morte
Documento a cura del Social Service
protocollato il 25 novembre 1985

Physical and Mental History
Il detenuto Jernigan dichiara di essere allergico alla codeina.
Il detenuto Jernigan dichiara di soffrire di asma dall'età di tre anni.
Il detenuto Jernigan non ha problemi oculistici, né di deambulazione, né di parola e non usa alcun dispositivo medico-meccanico (come il by-pass o altro).
Il detenuto Jernigan ammette di aver assunto svariati tipi di droga. Alcol, tabacco, anfetamine, marijuana, Lsd, mescalina, Preludin, hashish: dall'età di quindici anni. Successivamente: eroina, cocaina, metadrina, morfina.
Il detenuto Jernigan dichiara di non essere mai stato in cura da psicologi, né di essere mai stato assegnato a dei programmi di disintossicazione, nel «mondo libero».

Il detenuto Jernigan dichiara di non essere mai stato ricoverato per malattie o disagi mentali.
Il detenuto Jernigan conferma di avere tentato il suicidio, mediante il taglio di entrambi i polsi, in Germania.
Il detenuto Jernigan dichiara che il fatto accadde mentre stava prestando il servizio militare e dichiara che il tentativo di suicidio era correlato all'abuso di droghe.
Il detenuto Jernigan dichiara di essere stato sottoposto a un trattamento forzato di disintossicazione nell'ospedale militare di Camp Kilmer, New York.
Il detenuto Jernigan conferma di avere assunto regolarmente dosi quotidiane di Elavil e Mellaril – durante la sua seconda detenzione presso la Estelle Unit, Tdc – per problemi nervosi.
Il detenuto Jernigan dichiara che nessun altro membro della sua famiglia ha mai avuto problemi legati alla droga e all'alcol; nessun membro della sua famiglia è mai stato ricoverato per malattie mentali; nessun membro della sua famiglia ha mai tentato il suicidio.
Il detenuto Jernigan nega di vedere o di sentire cose che non ci sono.
Il detenuto Jernigan non ha mostrato alcun disagio inusuale durante questa intervista con il Social Service.

McKenzie Street, Waco, Texas, venerdì 3 luglio 1981.

A differenza del motore, la carrozzeria della Dodge è un vero schifo. Assomiglia alla sua casa: è sporca, polverosa, ammaccata. L'aria vetrosa del deserto gli ha mangiato quasi tutta la vernice trasformando l'antico marrone metallizzato in un colore meticcio, un misto di fango e latte cagliato, che si espande tra le grosse macchie di ruggine.

Sul portellone posteriore ci sono due segni bianchi grandi quanto un paio di hamburger. Il bianco è lo stucco con cui, una notte dello scorso gennaio, Paul ha dovuto rappezzare i due buchi che *quel tale* gli ha fatto – *caazzo*: due tuoni mollati in meno di un secondo, probabilmente da una .357 a canna lunga – mentre lui scappava a tutto gas dal parcheggio della casa che credeva vuota, sbandando, e per di più a fari spenti per non farsi beccare la targa, dopo aver sbattuto l'anteriore destro contro l'ultimo albero prima dell'asfalto, ai bordi del driveway, sulla statale 287, una ventina di miglia a sud di Corsicana.

Quella notte faceva un freddo da crepare ed è per questo che aveva avuto fretta di entrare in quella casa. Non aveva controllato bene, d'accordo. Però non ha mai più fatto quell'errore. Le case da colpire – spiegava ogni tanto al suo amico Roy Lamb – «le case dove puoi trovare qualche cosa da mangiare, qualche cosa da bere e qualche cosa da vendere», vanno guardate sopra e sotto, *come una donna*, e bisogna lavorarsele senza spingere troppo. Basta avere pazienza, stare *mooolto* calmi. Perché se vuoi scopartela subito, *la dolce casetta*, rischi che all'improvviso ti salti fuori un bastardo di texano pronto a piantarti due hamburger di piombo nella schiena...

E comunque quella volta fu colpa del freddo.

Stamattina invece il sole ci manderà arrosto. Mezz'ora fa la radio ha detto che ci sono incendi sparsi nelle contee di Hill e di McLennan, che ne hanno appena spento uno dalle parti del lago Belton, e che tra meno di un'ora, intorno all'una, tutti i termometri della contea di Navarro supereranno i 40 gradi. Bene, bene.

Paul innesta la retromarcia per portare la macchina sul vialetto di uscita. Sta ripensando alle tre contee nominate dalla radio – Hill, McLennan, Navarro – ragazzi, il vecchio Paul si è dato da fare in ognuno di questi posti nell'ultimo mese. E in più ha visitato quella pidocchiosa casa mobile a Bellmead, dove c'era un televisore che pesava come un diavolo e valeva meno del suo ferrovecchio Westinghouse 24 pollici, cioè meno di dieci gocce di sudore. Un tale schifo. Cazzo: l'ha fatto volare dentro a una discarica. E in tutto ci ha guadagnato una scatola di crackers Ritz al formaggio francese, l'atlante e quello stupido piatto.

Ma Roy che accidenti sta facendo ancora in casa? Paul suona due volte il clacson. «Roooy!» grida sporgendosi fuori dal finestrino. L'aria è immobile. Già che c'è sistema il frigorifero portatile che ha incastrato fra i due sedili anteriori della Dodge. La pelle dei sedili puzza di tabacco e sudore. Il frigo gli è costato la bellezza di 49 dollari e 50 centesimi. Ma ne valeva la pena. Nelle sue *dolci casette* non ne ha mai trovato uno così bello: rosso, con la maniglia bianca e la scritta oro: «Buon appetito, gente!». Ha calcolato che lì dentro, oltre al ghiaccio blu, ci stanno comode diciotto lattine di Bud belle fredde. *Mmmh*, fredde come adesso: si stappa la quarta della mattinata, richiude, accarezzando gli angoli lisci del coperchio. Che volendo ci puoi anche appoggiare il gomito, quando guidi.

Roy Lamb compare sulla porta, se la richiude alle spalle. A parte i nove anni di differenza, è un bel po' più piccolo di Paul. Anche se in Texas piccolo non vuol dire esattamente *piccolo*. Ha braccia forti. I jeans gli strizzano le cosce robuste e i polpacci arcuati.

A parte un paio di scopate gratis con le puttane messicane su a Forth Worth e qualche rissa nelle domeniche di rodeo a Dallas, non è uno che va in cerca di guai.

Un paio di settimane al mese aiuta lo zio nel negozio di ferramenta sulla Sycamore di Corsicana, e per il resto fa lavoretti nei dintorni con il furgone Chevrolet che sta finendo di pagare. Sa aggiustare lavatrici, riparare uno steccato, sgomberare un solaio. Ha i capelli più corti di Paul. Un carattere più morbido, ma altrettanto solitario.

A sedici anni – proprio come Paul – ha smesso di andare a scuola e prima di cominciare a lavorare tra i ferri e le viti dello zio, aveva passato un'intera primavera con il suo primo furgone, su e giù per le sponde del fiume Brazos, partendo all'alba e magari tornando un paio di giorni più tardi. Pescava lucci, uccideva scorpioni (perché Roy *odia* gli scorpioni) e si costruiva capanne che poi abbandonava dopo averle incendiate.

Lui e Paul si sono conosciuti sei mesi fa nell'unico posto dove i ragazzi bianchi di Corsicana possono bersi una birra e *non* ascoltare la musica country dei vaccari, la stazione Texaco a metà statale tra la Settima Avenue e Albritton Road, uno spiazzo di cemento con il grande cubo bianco e giallo al centro – che allora si chiamava ancora Lola's Rest anche se Lola era finita all'altro mondo da un pezzo – dove tre messicani, uno più incazzoso dell'altro, cucinano tutta la notte tacos e hamburger, accanto alle otto pompe di benzina.

Paul, su quello spiazzo, lo aveva aiutato a riparare il furgone che non ne voleva sapere di rimettersi in moto. Avevano fumato insieme marijuana, si erano scolati un paio di birre, e dato che non avevano niente di meglio da fare, quel pomeriggio dello scorso inverno, si erano messi sulla statale, ad affiancare, nella corsia di sorpasso, tutte le bionde che riempivano le carrozzerie lungo la Highway 31.

Prima di sera Paul, che di solito recitava la parte di Mister Fattimiei, cominciò a raccontargli dei guai della sua famiglia, di quando stavano a Chicago e non c'erano soldi abbastanza per mangiare, di quando arrivò in casa il nuovo uomo della madre, il *vecchio*, «un bastardo che picchiava lei e noi». E di quella volta che lui prese il vecchio per il collo e stava *sul serio* per ammazzarlo come uno stupido tacchino, tirandogli il collo, e non lo fece solo perché sua madre cominciò a scongiurarlo, piangeva e lo scongiurava, mentre al vecchio veniva giù la bava e tremavano le ginocchia come se avesse la corrente elettrica al posto del sangue: lo teneva sollevato da terra, e poteva sentire nei polsi la schifosa vibrazione delle ginocchia del vecchio che sputava bava, rantolava, e lui, cazzo, lo lasciò andare un attimo prima di strappargli l'anima e sua madre gli fu addosso per spingerlo via dicendogli basta, adesso basta Paul, strillando e piangendo... E lui le disse *scusami mamma*, ma non riusciva a staccare gli occhi dal vecchio che era arretrato barcollando ed era andato a sbattere contro la cucina a gas, respirava con la bocca aperta e *se la stava facendo addosso*, Geeesù, si stava pisciando dentro ai calzoni.

Paul gli raccontava tutto questo, fumando marijuana, posteggiati sotto a uno dei lampioni del Jester Park di Corsicana, senza accorgersi dell'intensità con cui Roy lo stava guardando. E quando Roy gli disse: «Cazzo, continua...» lui tirò fuori anche le storie della galera – la Ferguson Unit, la prima volta, e la Estelle Unit, la seconda – anche se le galere, gli disse: «Si assomigliano tutte perché sono il posto più fetido dell'intero pianeta». E a quel tempo Paul lo credeva davvero che le galere si assomigliassero *proprio* tutte.

Perciò gli disse delle guardie e dei regolamenti, di come tutta la macchina era stata studiata dai bastardi per cancellarti il cervello e trasformarti in un numero. Gli disse delle punizioni e delle botte che dovevi prenderti gridando «signorsì». Gli disse che, dall'ultima volta, aveva giurato a se stesso che non sarebbe mai più tornato in galera. Nossignore, non si sarebbe mai più fatto prendere. Non da vivo, almeno.

E anche se quella notte a Roy non raccontò esattamente tutto – né gli incubi che venivano a visitarlo di notte, né il *resto* – Paul parlò per un tempo infinito. Cristo santo, disse più parole quella notte di quante ne avesse pronunciate negli ultimi due o trecento giorni. Neanche con Vicky parlava tanto, e comunque *con un estraneo* era la prima volta.

Così Roy smise di essere un estraneo. Passava da Paul tutti i giorni, più o meno all'ora del tramonto, quando aveva finito di vendere fil di ferro agli agricoltori e anche Paul era tornato alla base, nei garage della Red Arrow Freight Line, lo spedizioniere che lo aveva assunto come autista, meccanico e factotum.

A Paul quel lavoro piaceva. Guidava il suo Ford a sei ruote – freccia rossa su campo bianco – con la stessa delicatezza di un lupo dentro a un pollaio: le mani piantate sul volante e gli occhi in fiamme. Se ne andava su e giù per il Texas, tra i pascoli piatti e verdi come grandi biliardi. Lui era la palla, la Red Arrow Freight Line, la stecca. Correva da una buca all'altra, ecco quello che pensava guidando.

Con sé aveva sempre birra e un po' di metadrina. Perciò era capace di arrivare fino a Laredo, sul confine dei «mangiatortillas», e tornare indietro prima dell'alba, senza mai staccare il culo dal sedile, se non per farsi una pisciatina, un cheeseburger, e un po' di carburante personale. Se aveva abbastanza soldi usava speed-ball, eroina e cocaina mischiate al 50 per cento, che sniffava nei cessi dei posto-ristoro.

Paul aveva i suoi punti di approvvigionamento: comprava cocaina da un messicano di Waco ed eroina dai ragazzi bianchi che gestivano il Motel Sage and Sand sul raccordo per Dallas. Acquistava metadrina, popper e acidi in una comune di hippy.

Per il resto beveva bourbon e lo mischiava alla birra ghiacciata. Guidava, fumava, rubava.

Qualche volta aveva consegnato e rubato nello stesso posto, in paesi che tutti avrebbero fatto fatica a trovare su una mappa stradale. Lavoretti che lo rendevano euforico: qualcosa che si potesse mangiare, qualcosa che si potesse bere, qualcosa che si potesse vendere, nessun altro calcolo che questo. E una speciale contentezza gli allagava lo sguardo verdazzurro quando faceva cantare il motore imboccando la via di fuga, che poi coincideva con quella di casa.

Eppure, questa consuetudine con l'euforia non gli allentava mai la stretta dei suoi nervi scorsoi. E quando, all'improvviso, incrociava le luci rosse e blu degli sceriffi in transito, una rovente scarica di adrenalina gli scatenava un allarme generale: muscoli, occhi, respiro. Aveva come la sensazione che quelle auto lampeggianti gli passassero lungo il corpo, schiacciandogli in sequenza tutti i muscoli, mentre il cuore pompava sangue e le pupille si appuntivano, attratte dal retrovisore, dove la scia colorata pulsava fino a scomparire.

Una volta Roy, che gli sedeva accanto per il consueto giro notturno delle aree ristoro, fece l'errore di dirgli: «Rilassati, amico». Stavano attraversando Denton, era un sabato sera. Paul lasciò passare la macchina dello sceriffo. Poi inchiodò, scese, girò attorno alla Dodge e sferrò un calcio rabbioso sullo sportello di Roy. Poi un altro. E un altro. Gridando: «Scendi-bastardo-scendi-forza-figlio-di-puttana-scendi!». Roy rimase immobile. Paul sudava, era rosso di rabbia, la benzedrina gli frantumava tutti gli involucri dei suoi muscoli vetrosi, appiccando fuoco alle vene... Poi l'incendio sparì dalla sua faccia alla stessa velocità con cui era divampato.

«Dimmi cosa diavolo ci trovi in uno così» disse a Roy, un giorno, sua madre. «Beve, si droga e ruba. È stato in galera e prima o poi ci tornerà. Vuoi spiegarmi cosa diavolo ci trovi?» Ma Roy non ci aveva mai pensato. Lui e Paul erano diventati amici e basta. Lo ascoltava e basta. Giravano, si ubriacavano, fumavano marijuana. Lo sentiva *in sintonia*, tutto qui. Anche se qualche volta aveva paura di lui.

Dunque, Roy Lamb compare sulla porta, se la richiude

alle spalle. Paul gli fa: «Ehi, amico, hai finito di pulirti le unghie in casa mia?».

Roy sale, la macchina è un forno. «Ha telefonato Vicky», gli dice.

Paul fa sì con la testa.

Roy guarda i grossi muscoli del collo di Paul che spuntano dalla maglietta blu. «Dice che torna prima di sera, con le bambine...» Di nuovo *i muscoli.* «Le ho detto che eri qui fuori. E lei mi ha detto: "Tu digli solo che torno, d'accordo?" e ha messo giù.»

Paul sterza con un colpo secco, accelera, sono sulla strada, adesso, accolti dal clacson rabbioso di un grosso GM merci che li sorpassa sbandando duro. Paul neanche lo degna e all'improvviso dice: «Nossignore, non mi rovinerà la giornata. Noi ce ne andremo per la nostra strada, giusto?».

«Giusto» dice Roy.

«Perché ho una sorpresa. Te lo avevo detto che c'è una sorpresa, no?»

«Vediamo la sorpresa» dice Roy.

Paul ride: «Cazzo sì, ci puoi giurare».

E se qualcuno gli avesse mai detto che quella mattina, sgommando fuori dalla sua casa di McKenzy Street, Waco, intorno alle 12.40 di venerdì 3 luglio 1981, stava iniziando il suo lungo, *lungo* viaggio verso il cyberspazio degli uomini futuri, Paul si sarebbe messo a ridere, facendoti «bang, bang» con l'indice e il pollice.

Un viaggio che sarebbe durato dodici anni dentro al più grande mattatoio legale degli Stati Uniti d'America, il braccio della morte di Huntsville, Texas. Più sei minuti di agonia imprigionato sul lettino della cella numero 17, la Death Chamber. Più cinque mesi disteso sulla ceramica di una cella frigorifera della Colorado University. Più quattro mesi, *dopo essere stato segato in quattro parti*, incastrato dentro altrettanti blocchi di ghiaccio blu, mentre un branco di scienziati gli avrebbero piallato il cervello, il cuore, il fegato...

Paul non solo si sarebbe messo a ridere, ma ti avrebbe anche detto, e *seriamente*: «'Fanculo, stronzo...».

Perché in effetti nessuno poteva sapere che il Destino, quella mattina, si era svegliato storto e aveva una gran voglia di occuparsi proprio di lui.

Huntsville, Texas, il filo spinato delle sue otto prigioni e il segreto del cimitero

«Mai stato a Huntsville, *amigo*?» mi chiede il messicano versando il caffè. «Be', se vuoi sapere come funzionano le cose nel famoso Texas, e non sei mai stato a Huntsville, non sai ancora nulla.»

Huntsville, Texas, ha 24mila abitanti che *non* vivono insieme, né sono sottoposti alle identiche leggi e neppure esercitano gli stessi diritti, perché abitano in due pianeti separati. E se il primo pianeta non ha confini visibili, se non quello della *libertà*, il secondo è circondato da tanti muri – filo spinato, reti, cancelli – quanti ne servono a sigillare una, due, tre, quattro, cinque, sei, sette e otto prigioni.

Il primo mondo è regolato dalle prevedibili consuetudini della sterminata provincia americana, sebbene in versione Lone Star, stella solitaria, che vuol dire muscoli, petrolio, pascoli a perdita d'occhio e un marcato senso di superiorità, non solo con gli stranieri.

Il secondo mondo si muove, dorme, mangia e respira secondo i voleri burocratici che giorno dopo giorno, anno dopo anno, dal 1849 a oggi, vengono emanati dentro al più trafficato palazzo della città che occupa l'intera area tra la Undicesima e la Dodicesima, i quattro piani di mattoni rossi e computer giallini del Texas Department of Criminal Justice, detto familiarmente «l'Amministrazione» o Tdcj.

L'Amministrazione dà lavoro a 6000 persone nell'intera contea, ha un budget di circa 350 milioni di dollari, controlla un territorio di 10mila acri (suddiviso nelle otto prigioni) attraverso il suo braccio operativo, il Texas Department of Corrections, che per ampiezza è il terzo sistema penitenziario dell'intera nazione, detto familiarmente Tdc.

Il dettaglio notevole, che fa di Huntsville un posto unico al mondo e in noce il più perfetto, il più ordinato e il più inquietante scenario della deriva poliziesca che allaga l'America, è che i due mondi hanno più o meno l'*identico* numero di abitanti.

Al di qua dei muri, camminano, lavorano e sputano liberamente 12mila onesti cittadini. Se li incontri per strada ti sorridono, o più probabilmente ti ignorano. Indossano stivali e cappello Stetson. Le donne hanno i fianchi grossi. I ragazzi esibiscono aquile blu o cuori trafitti sulla pelle dei bicipiti. Gli uomini masticano tabacco. E quando saltano dentro alle loro Jeep Cherokee 4x4, il fucile a pompa Remington calibro 12, addormentato fra i due ganci del vetro posteriore, oscilla come fosse un cane di pezza con la testa mobile. Ogni tanto il cane si sveglia e abbaia: in Texas ci sono più morti per armi da fuoco che per incidenti stradali.

Al di là dei muri – del filo spinato, delle reti e dei cancelli – ci sono altri 11.600 abitanti. Il censimento cittadino – secondo la legge dello Stato – li conteggia come residenti. In effetti risiedono talmente che non possono mai, la mattina che dovessero svegliarsi di pessimo umore, fare le valigie e cambiare aria. Salvo in tre occasioni: fine pena, libertà vigilata, morte.

In quest'ultimo caso, oltre a non dover fare le valigie, avrebbero ancora una possibilità di rimanere a Huntsville, precisamente dentro a una fossa scavata nei 22 acri di terra verde e grassa del cimitero di Peckerwood Hill. Cosa che è successa, negli ultimi cento anni, a 1811 residenti, tutti senza più una famiglia, o almeno una donna, o almeno un amico, che ne reclamassero i resti. Il loro indirizzo è scolpito su ogni singola lapide di pietra bianca: nome, cognome, numero di identificazione, data di morte. Il tutto, a cura dell'Amministrazione.

Ai tempi della segregazione, il cimitero era diviso in White Area e Negro Section, ed è già tanto che i *negri* venissero seppelliti. Oggi la legge dello Stato, che incoraggia tutte le forme possibili di integrazione anche tra i cittadini al di là dei muri, vigila sul corretto riposo dei definitivi residenti di Huntsville. Sebbene, talvolta, sia proprio lui, lo Stato, a prendergli la vita.

Nel corso dei decenni il Texas – che ne ha sempre fatti fuori più di tutti gli altri Stati della Confederazione messi assieme, spedendo i candidati qui a Huntsville anche da ogni lontanissima contea – ha usato differenti mezzi, più o meno spicci per sbrigare la faccenda: corda insaponata, piombo, elettricità. Cioè tutti quelli disponibili allora, a eccezione delle camere a gas. Dal 1974 ha messo a punto la tecnica più igienica, pulita e silenziosa che sia mai stata inventata da un'organizzazione *non* criminale: l'iniezione letale.

L'ha inventata un chimico del Massachusetts, Fred Leuchter, ma a perfezionarla ci hanno pensato i tecnici texani, qui a Huntsville. E da allora l'Amministrazione, che la giudica magnificamente efficace, nonché indenne da tutti gli spiacevoli inconvenienti dei vecchi metodi, usa quella.

L'impiccagione. Spezza l'osso del collo e quando va bene procura la morte immediata. Ma la forca non è un gran bello spettacolo. Ci sono stati dei condannati che dovevano essere trascinati di peso sugli scalini del patibolo, che non volevano saperne di infilare la testa nel cappio, che (infine) avevano ossa inaspettatamente resistenti e rimanevano lì, appesi, a soffiare, grugnire, rantolare, con il cazzo duro che spingeva sotto ai calzoni dell'uniforme (particolare che ai testimoni della stampa era proibito riportare perché considerato assai più osceno dell'uomo che crepa) e la faccia che diventava viola.

La fucilazione. Oltre a fare un baccano del diavolo, comporta altri inconvenienti. Innanzitutto, perché dipende dalla mira dei boia – non uno, ma cinque – e dal funzionamento dei fucili che sono pur sempre congegni meccanici. Teoricamente il bersaglio della sparatoria è il cuore. Se tutti e cinque lo centrano, il condannato viene alleggerito, all'istante, di qualche chilo di carne, ed è possibile che non faccia in tempo a rammaricarsene. Ma se dovessero fallire che si fa, una seconda scarica o un colpo di pistola alla tempia? Reintrodotta nello Stato dello Utah, la fucilazione ha funzionato nonostante i clamori. Il bersaglio si chiamava John Taylor, trentasei anni, bianco, condannato per omicidio e stupro. Gli hanno fatto saltare il cuore alle 0.18 del 26 gennaio 1996. «Ricordatevi di me, ma è tempo di andare» è stata la sua ultima frase, riportata da centinaia di giornali nel mondo. E il governatore dello Utah se ne è lamentato.

La sedia elettrica. Frigge la testa, senza troppi clamori, a parte quelli dei condannati più refrattari all'elettricità. Perché nonostante arroventi le ossa del cranio fino a scoprirle e a bucarle, nonostante spezzi derivazioni nervose e faccia esplodere vene, arterie e qualche volta i bulbi oculari, può anche non risultare letale. Almeno alla prima scarica. È successo decine di volte e non fa una buona impressione sui testimoni, anche tralasciando l'odore di cervello cotto e pelle fritta.

Quando, il 25 marzo 1997 nel carcere di Starke, Florida, il condannato Pedro Medina, profugo cubano, trentanove anni, giudicato colpevole di omicidio, ha preso fuoco (fiamme azzurre gli hanno avvolto la testa e i piedi) le guardie sono corse dentro alla camera della morte. Non per spegnere le fiamme, ma per aprire la finestra e cambiare l'aria.

I giudici della Corte Suprema si sono autorevolmente chiesti, almeno in quattro occasioni, se la sedia violasse l'Ottavo Emendamento che proibisce «ogni punizione crudele e non necessaria». Hanno deciso per il no in due occasioni e per il sì in altrettante. Dal 1976 al 1997 i dadi della Corte si sono fermati sul no.

Quello che davvero non si può dire, qui a Huntsville, Texas, è che la sedia elettrica sia considerata «crudele e non necessaria». Tanto è vero che da quando la loro è andata in pensione le hanno trovato un posto di tutto rilievo nel Texas Prison Museum, altra notevole attrattiva della città. Il museo contiene foto e storie di prigionieri celebri, arredi delle celle, coltelli e altri tipi di armi sequestrate ai detenuti, aggeggi usati per tentativi di evasione, uniformi delle guardie, più altre «svariate e affascinanti testimonianze del tempo che è transitato da entrambi i lati delle sbarre», secondo la prosa suggestiva del cartello, redatto a cura dell'Amministrazione.

Come tutte le cose care alla comunità, anche *quella* sedia, che in qualunque Stato d'America chiamano Old Sparky, ha un nome proprio: Texas Thunderbolt, fulmine texano, e per vederla, oggi, gli adulti pagano 2 dollari; gli anziani 1 dollaro e mezzo; 1 solo dollaro i ragazzi sopra i tredici anni. Scolaresche e bambini: omaggio.

Sta su al primo piano del museo, sotto ai riflettori, tutta legno, fibbie, museruole e cinghie. Le cinghie sono un po' consumate, là dove i fulminati facevano vibrare un po' troppo velocemente polsi e caviglie. Il cartello spiega che è stata costruita *personalmente* dal condannato a morte J.T. Voss (duplice omicidio) alla fine del 1923, usando legno di quercia. Il quale J.T. Voss venne infine graziato perché sembrava francamente troppo, anche per i texani dell'Amministrazione, arrostirlo sul proprio manufatto.

Perciò per collaudarla degnamente le diedero in pasto cinque neri indolenti, e *tutti* il primo giorno, il 9 febbraio 1924: Charles Reynolds (omicidio), Ewell Morris (omicidio), George Washington (omicidio), Mack Matthew (omicidio), Melvin Johnson (omicidio). La neonata Texas Thunderbolt li sistemò uno dopo l'altro, iniziando, come dice il cartello con un gustoso gioco di parole: «Una carriera fulminante».

Lavorò bene negli anni della Grande Depressione e ottimamente in quelli del gangsterismo, cucinandosi persino due membri della banda di Bonnie & Clyde, anno 1935, i rapinatori Joe Palmer e Raymond Hamilton, catturati dopo che lo stesso Clyde Barrow era venuto qui a Huntsville per farli evadere.

Old Sparky rischiò di annoiarsi durante la Seconda guerra mondiale, quando i cittadini maschi di queste parti, compreso un buon numero di quelli al di là del muro, andavano a farsi ammazzare in trasferta europea, oppure sulle altre rive del Pacifico, abitate dai musi gialli. Ma subito dopo, giusto per recuperare il tempo perduto, ricominciò a friggere i rimpatriati. In tutto: quarant'anni di lavoro ben fatto e 361 cadaveri (229 neri, 108 bianchi, 23 messicani, 1 indiano) sfornati prima di essere messa a riposo, nel 1964.

Ma l'iniezione letale, la Lethal Injection, è *davvero* un'altra cosa. Non spezza, non sfonda, non brucia. Anziché fare strillare i condannati, li addormenta. Anziché fargli sputare la lingua o imbrattargli la divisa di sangue e budella o arroventargli varie superfici del corpo, se li lavora dentro. Li uccide, ma non si vede.

L'Amministrazione annunciò al mondo di aver messo a punto tutto il set dell'iniezione – le dosi, i veleni, gli aghi e le procedure – precisamente il 29 agosto 1974. Data assai curiosa, visto che la Corte Suprema, due anni prima, aveva dichiarato illegale la Death Penalty in tutti e cinquantadue gli Stati della Confederazione. Stupore che colpisce solo chi non conosce davvero l'Amministrazione: legale o non legale, lei, *si portava avanti*. E quando nel 1976 i dadi girarono ancora, questa volta stabilendo che la Death Penalty poteva essere reintrodotta, il Texas aveva già tutti i compiti fatti, come si addice ai primi della classe.

L'onore di inaugurare la nuova stagione della bella morte, della «morte gentile», toccò, manco a farlo apposta, a un nero: Charlie Brooks, omicidio di primo grado nella contea di Tarrant. L'esperimento funzionò così bene che trentadue Stati sui trentotto dove erano state riaperte le camere della morte si affrettarono a seguire le orme del primo della classe. Cosa che qui a Huntsville, viene giudicata un successo *personale* dell'Amministrazione.

Charlie Brooks impiegò trenta secondi ad addormentarsi e altri ventotto a morire. Tempo totale dell'operazione – infilare gli aghi, cambiare le fiale, stantuffarle, auscultare il battito cardiaco che si inceppa – meno di sei minuti. E questa è la prestazione standard della Lethal Injection che è stata ricaricata (fino a oggi) 105 volte senza mai riservare brutte sorprese: un colpo, un cadavere.

L'eccellente prestazione va naturalmente considerata provvisoria, perché come dicono i funzionari dell'Amministrazione, il numero dei successi (successi, non decessi) dipende solo dal calendario. Di mese in mese la lista dei cadaveri – aggiornata con un protocollo ufficiale – finisce con tre puntini sospensivi che sottintendono un *segue*.

Il «Prison Driving Tour» è un dépliant turistico, redatto e stampato dall'Huntsville Tourist Council (su licenza dell'Amministrazione, naturalmente) che permette, in tre ore o poco più, di dare un'occhiata a tutte e otto le famose prigioni. Il fatto che il «Giro automobilistico» sia stato stampato e venga distribuito gratuitamente fra i chewin-gum e gli hamburger di ogni posto-ristoro di Huntsville, è una ragione sufficiente per ammettere che un bel po' di famiglie americane di passaggio lo fanno *davvero*. Sul dépliant ci sono gli indirizzi, la storia e le curiosità di tutte e otto le prigioni, compresa una dettagliata cartina stradale con l'indicazione esclamativa che dice: «*Start Here!*», partite da qui.

Il qui è esattamente dove ho appena posteggiato la Mercury Sable Ls, verde metallizzata, sedili crema e plancia blu, più o meno a cento metri dall'imponente muro di mattoni rossi che circonda quella che è la prigione più antica non solo di Huntsville, ma di tutto il Texas. A maggior ragione è la primogenita della numerosa nidiata locale, anche se, nel frattempo, alcune delle sue sette sorelle vicine sono cresciute assai di più.

Si chiama Huntsville Unit, la si vede da qualunque punto della città anche perché tutte le strade sono partite da qui, e qui, prima o poi, ritornano. I cittadini liberi, a forza di rigirarci attorno con le loro Jeep Cherokee 4x4, l'hanno ribattezzata, senza sprecarsi troppo, The Wall, il muro.

Il primo mattone è stato posato nel 1848, poi via via tutti gli altri, e molto in fretta: inaugurazione l'anno successivo, perché essendo stata fabbricata interamente dai primi 440 detenuti deportati, è venuta su come nelle cattive fiabe, in una notte, o giù di lì. Anche se i detenuti lavoravano impicciati dalle catene alle caviglie.

Con gli ampliamenti successivi, le nuove ali, le torrette di controllo, il muro raddoppiato in altezza fino agli attuali dieci metri, l'edificio risulta piuttosto efficace, non solo alla prima, ma anche alle successive occhiate, specie se guardato dopo il tramonto, con le fotoelettriche accese, le ombre vermiglie che diventano nero sangue, il silenzio tutto intorno: è un'autentica, solida, inattaccabile prigione dello Stato del Texas.

Ma se uno dovesse lasciarsi suggestionare da questo scenario di mattoni rossi, per di più sapendo che i suoi 140 acri contengono, oltre a 1600 detenuti recidivi, anche la camera della morte, la numero 17, regno di Texas Thunderbolt prima, e dell'iniezione adesso, finirebbe per farsi un'idea abbastanza limitata delle attitudini dell'Amministrazione.

Il meglio di sé, l'Amministrazione, non lo dà qui. Né nei sobborghi polverosi di Huntsville, dove, man mano, sono state tirate su e inchiodate la Gore Unit, la Wynne Unit, la Estelle e la Ferguson Unit. Né, tanto meno, dietro ai cancelli piuttosto sottili della Diagnostic e della Holiday Unit.

Niente affatto. Per capire esattamente cosa è capace di fare l'Amministrazione quando ci si mette d'impegno, uno deve proprio imboccare la statale numero 980, guidare per dodici miglia verso nord, voltare a sinistra in una strada sterrata, percorrere a dieci all'ora altre cinque miglia di pietre, dossi e voragini, fino all'immenso cartello Ellis One Unit, che presidia, dopo venti minuti di querce, un inaspettato orizzonte di reticolati e cemento, immobile tra le bandiere flosce degli Usa e del Texas.

Qui, mentre la Mercury Sable Ls si tiene prudentemente con il motore al minimo, siamo finalmente arrivati al cospetto del più grande e perfetto mattatoio legale d'America, più micidiale e meglio organizzato di McAlester, Angola, Folsom e Marion, semplicemente perché è la versione texana di tutte le clessidre penitenziarie. Nelle ali più esterne: *maximum security level* per 1800 detenuti. Ma in quella più interna, invisibile da qualunque punto di osservazione, il Death Row, il Braccio della morte, *segregation level* per i suoi 394 sepolti vivi. Lì dentro, per dodici anni, ha respirato Joseph Paul Jernigan.

La spianata di cemento del parcheggio è imponente e, a quest'ora notturna, vuota e silenziosa come una terra di confine. Anche gli alberi sono tenuti a distanza di sicurezza. Le alogene in cima ai reticolati, dopo l'inchiostro nero dei boschi, formano un lago bianco sospeso sull'acciaio dei perimetri. Le prime griglie sono alte dodici metri. Poi le torrette che svettano fino a venti, con le cime circolari e grasse come gigantesche cappelle di funghi, protette dai vetri blindati. Poi il secondo perimetro di reticolati spinati e taglienti, altri settantacinque metri di terra completamente spoglia, e infine il blocco di cemento. Liscio, bianco e squadrato: una nave stellare, incapsulata nell'apnea perpetua di un sole elettrico.

Meglio tenersi a distanza di sicurezza. Non spingersi oltre i cartelli cromati che gridano ATTENTION, DANGER, CAUTION tutti assediati da centinaia di falene impazzite di luce. E per la retromarcia dell'inversione a U, tenere il motore a basso regime: allontanarsi *moolto* lentamente.

Per entrare lì dentro, se non sei una guardia penitenziaria o un agente federale, se non hai ammazzato, rapinato o stuprato, almeno secondo il verdetto di una qualunque giuria dello Stato del Texas, hai un'unica possibilità. E la possibilità si chiama David Nunnelee che mi aspetta domattina nel suo ufficio di Huntsville, sulla Dodicesima, primo piano, stanza 107.

David Nunnelee, trentanove anni, bianco, è un impiegato di primo livello dell'Amministrazione. Il suo lavoro non è esattamente una meraviglia: addetto stampa del braccio della morte. Il suo carattere e il suo aspetto devono averne risentito e nonostante gli occhi chiarissimi, David è un tipo ombroso. Ha baffi e capelli biondi. I capelli sono un po' unti. Indossa camicie di terital bianche, pantaloni di terital marroni e giacche di terital caffelatte. Parla con un filo di voce. Sorride raramente. Ogni ora, più o meno, esce da solo dal suo ufficio, scende le scale, raggiunge l'aiuola più esterna, quella accanto al parcheggio, e si accende una sigaretta. Lo fa come se si stesse drogando: addossato al muro, circospetto, aspirando in fretta.

In effetti dentro tutti quanti gli edifici dell'Amministrazione è *severamente* proibito fumare. Ci sono cartelli ogni cinque passi: TOBACCO FREE AREA, NO SMOKING, SMOKE NOT ADMITTED. Cartelli di tutte le taglie, ma per lo più extralarge, quadrati e rossi. Questa non è una novità, in America, vale negli uffici, negli aeroporti, nei ristoranti. La differenza con il resto del Paese è che qui l'Amministrazione estende il divieto su *tutti* i territori di sua giurisdizione, non solo all'interno delle sue otto prigioni – celle, palestre, mense, corridoi, camminamenti – ma pure all'*esterno*, lungo i 10mila acri dei campi di lavoro e delle fattorie, dei cortili interni e dei catini per l'ora d'aria.

Questo, si presume, a garanzia della salute dei suoi impiegati, delle guardie e dei detenuti. Di *tutti* i detenuti, compresi i 394 segregati nel braccio della morte di Ellis One. Per quanto possa sembrare strano, l'Amministrazione si preoccupa anche di loro e fa in modo di proteggerli dagli effetti dannosi del tabacco. Li vuole sani e senza tosse anche se un giorno o l'altro si incaricherà di imbottirgli le vene con il cloruro di potassio.

David Nunnelee – che non ci trova niente di sorprendente – spegne e sale. Il suo ufficio è arredato con mobili di ferro, due scrivanie, quattro sedie, il neon, due grossi classificatori grigi con ampi cassettoni di metallo chiusi a chiave. Lì dentro ci sono le schede di un migliaio di detenuti, per metà già crepati, gli altri *in attesa*. Corpi di carta già seppelliti sotto righe sottili di inchiostro a macchina.

Non c'è nulla che sembri emozionare David. Tanto meno il suo lavoro, che sbriga con puntiglio e con la massima efficienza. La sua curiosità per i morti e per i vivi, compresi gli eventuali interlocutori che gli si siedono davanti, è andata in letargo da un pezzo. Dice il minimo indispensabile. Quando parla resta perfettamente immobile, con i gomiti appoggiati sulla scrivania, le mani giunte, le dita leggermente divaricate: il tutto forma un triangolo che gli sfiora la punta del naso. David, ti guarda da lì.

«Quindi le interessa il detenuto Joseph Paul Jernigan?»

Già.

«Quello tagliato a fette?»

Piallato.

«Ha fatto un favore alla scienza, giusto?»

Giusto.

«Ed è diventato famoso...»

Non molto.

«Il famoso Joseph Paul Jernigan.»

Se lo ricorda?

«È il mio lavoro.»

Quindi?

«Ci ha lasciati, vediamo...»

Il 5 agosto 1993.

«Detenuto numero 699, data del reato 3 luglio 1981, sentenza del... mmh, mmh... Cinque appelli, cinque rinvii... Sì, giustiziato il 5 agosto 1993.»

Gliel'ho detto.

«E io ho controllato.»

Bene. È rimasto lì dentro dodici anni.

«Considerati gli avvocati, le organizzazioni umanitarie, *voi* della stampa, i dodici anni sono in media...»

Opporsi alla pena di morte è un loro diritto, no?

«Che viene rispettato scrupolosamente. La giustizia ha i suoi tempi.»

In mezzo però ci sono i detenuti.

«In mezzo però ci sono le vittime.»

Jernigan li ha passati tutti dentro al braccio della morte?

«Ci può scommettere.»

È pur sempre un mucchio di tempo.

«Infatti ci sono parecchi detenuti che chiedono ai loro avvocati di rinunciare, per farla finita in fretta.»

Anche Jernigan, credo.

«Anche lui, sì.»

Mai successo che si stancasse prima l'Amministrazione?

«Prego?»

Niente. Mi diceva che è possibile entrare...

«È possibile.»

Dovrebbe aver ricevuto tutte le credenziali...

«E quindi lei vorrebbe incontrare i suoi compagni di detenzione, ammesso che qualcuno lo abbia frequentato...»

Già.

«I compagni del famoso Joseph Paul Jernigan.»

Avrà avuto degli amici, no?

«E ammesso che siano ancora vivi, giusto?»

Sono passati solo tre anni...

«Al posto suo non li chiamerei esattamente amici.»

E come li chiamerebbe?

«Oltre ai documenti che mi ha spedito, mi serve il suo passaporto, il visto di entrata negli Usa e quello di soggiorno. Dobbiamo fotocopiarli.»

Detenuti che facevano l'ora d'aria con lui, vicini di cella... Amici...

«I detenuti del braccio della morte stanno piuttosto soli.»

Piuttosto quanto?

«Da diciannove a ventitré ore al giorno.»

Dipende se lavorano oppure no?

«Dipende se li ammettiamo al lavoro oppure no.»

Li ammettiamo chi?

«L'Amministrazione.»

Comunque durante l'ora d'aria hanno la possibilità di incontrarsi, giusto?

«L'ora d'aria la fanno in meno di quanti crede. Volontariamente.»

Jernigan?

«Qualche volta.»

Qualche volta sì o qualche volta no?

«Dovrei controllare.»

Ma ci sarà stato almeno un detenuto...

«Gliene ho trovati tre.»

Ah, avevo capito che... Be', poteva dirlo subito...

«Glielo sto dicendo.»

Tre vanno benissimo.

«Vediamo... mmh, mmh... Beathard, Hafdahl, Napier.»

Bianchi?

«Joseph Paul Jernigan era bianco. I bianchi frequentano i bianchi e i neri frequentano i neri.»

E quando posso incontrarli?

«Solo il mercoledì.»

Mercoledì è oggi.

«Questo ormai non conta più, il prossimo, dalle 13 alle 15.»

Al telefono non me lo aveva detto.

«Lei non me lo ha chiesto.»

Quindi tra una settimana...

«Si faccia un giro, il Texas non è poi così male.»

Fuori. E camminando abbastanza in fretta da sciogliere i nervi che l'impiegato di primo livello David Nunnelee, senza mai muovere un muscolo, ha intasato di piccoli nodi. Ci sono cespugli di lupini sui lati del vialetto che porta al parcheggio. Sotto il sole di mezzogiorno le Chevrolet nere dell'Amministrazione hanno l'aria di grossi corvi metallizzati in attesa della luna, di un po' di veleno e di un funerale.

Appena fuori dal Building, riecco The Wall, la Huntsville Unit che la strada fiancheggia. Alle spalle: gli uffici delle carceri. Davanti: il muro delle carceri. A destra: il parcheggio delle carceri. A sinistra: il cimitero delle carceri. Non una gran prospettiva. Comunque: vada per il cimitero. Giusto per ricontrollare qualcosa che due ore fa, quando sono entrato per la prima volta nel Peckerwood Hill, mi ha messo a disagio, qualcosa che si percepisce, ma che non si è lasciato mettere davvero a fuoco...

Considerato come va la vita nei dintorni, la morte non è poi un brutto spettacolo. Le lapidi bianche, su e giù per i prati verdi della collina, sembrano tanti respiri di sollievo: tutti gli inquilini, prima di venire a sdraiarsi qui, stavano in posti peggiori, avevano fatto e subìto cose peggiori.

Fra un respiro di pietra e l'altro, sull'erba appena tagliata, ci saltellano passerotti, scoiattoli, farfalle gialle e merli neri. La terra è soffice, cede di qualche millimetro a ogni passo. Ma c'è qualcos'altro che non riesco ancora a individuare. Non è esattamente nell'aria, non arriva dalla terra e non è neanche suggestione. Il cielo è perfettamente azzurro.

Mi guardo intorno, ricontrollo gli appunti. Leggo per la terza volta che qui sotto sono sepolti 1811 detenuti, «*unclaimed or unwanted*», non richiesti o non voluti da alcuno... Circa 200 «sono morti giustiziati». Un paio di dozzine «uccisi dalle guardie» durante tentativi di evasione. Non più di 20 «scannati dalla mano di un altro detenuto», il resto «morti per cause naturali».

Niente. Torno a guardare le lapidi. Henry Webster, Identification 27985, morto il 12 dicembre 1917. Arthur Thomas, Id. 42506, morto il 10 luglio 1918. Blondy Harrison, Id. 57429, morto l'8 gennaio 1927. John B. Couch, Id. 63866, morto il 25 gennaio 1929.

Nome, cognome, numero di identificazione, data di morte. E negli appunti: «Il tutto a cura dell'Amministrazione».

Nome, cognome... Numero di identificazione... Data di morte...

Data di morte... Una rotella si è messa in moto. Data di morte... Data di morte...

Ci sono. Sulle lapidi e perciò in tutto quanto il Peckerwood Hill, c'è qualcosa che *manca*... Ecco perché non me ne sono accorto subito. Cercando un segno visibile, mi sfuggiva l'invisibile. In tanti anni ho visto un mucchio di cimiteri, civili e militari, su e giù per l'Europa, su e giù per le Americhe. Gli ossari della Grande Guerra nel Nord Italia e nel Sud della Francia, il Memorial Wall per i morti del Vietnam a Washington, le stele e i monumenti, gli archi e i marmi innalzati al ricordo dei morti... E tutti, proprio tutti i morti, avevano *due date*. E la *prima* a giustificare la seconda. E la prima a dirci, che in quell'intervallo di tempo concluso dalla seconda, c'è stata di mezzo una vita.

Ecco che cosa hanno di tanto speciale le 1811 lapidi del Peckerwood Hill di Huntsville. Il disagio proviene da quell'assenza appena percettibile, che rende uniche queste lapidi: segnalano la sepoltura di uomini che sono morti, senza essere *mai* nati.

Non sono lapidi dedicate agli uomini. La loro vita, se mai c'è stata, ha finito per coincidere con il giorno, il mese e l'anno in cui l'Amministrazione ha smesso di occuparsene. Pratiche concluse. Archiviate. *Quindi*, una sola data. Perché questo, nonostante gli assomigli in modo quasi perfetto, non è un cimitero, ma la versione *en plain air* di uno dei cassetti metallici di David Nunnelee, uno dei tanti cataloghi dell'Amministrazione.

A sirene spiegate verso quel lago di sangue asciutto

Corsicana, Texas, domenica 5 luglio 1981.

Il telefono dello sceriffo Bobby Ross squillò sette volte prima che il sergente Brian Dunagan – dopo aver appoggiato la pizza su un foglio di carta pulita e dopo aver issato i suoi centoventi chili dalla sedia girevole, tenendosi i calzoni dell'uniforme che si era slacciato per il gran caldo – finalmente abbaiasse nella cornetta: «Ufficio dello sceriffo, chi parla?».

Era mezzogiorno, tutti i ventilatori del soffitto frullavano l'aria bollente che sapeva di sigaro e il sergente Dunagan dopo aver messo giù il telefono, aveva bisogno di sedersi. Lo sceriffo era partito la mattina presto per Houston. E la rogna, la più grossa rogna capitata nella contea di Navarro da un bel po' di anni a questa parte, almeno per il momento, toccava a lui. Il nipote di un tale aveva appena scoperto il proprio zio morto ammazzato. Al telefono gridava sconvolto. O almeno *sembrava* sconvolto.

Dunagan non aveva una grande esperienza di omicidi. Non sono cose che capitano tutti i giorni. Ma il tizio al telefono gli sembrava davvero su di giri. Aveva urlato cose confuse a proposito di sangue, di una finestra sfondata, di un ventilatore e di due tavoli rovesciati, del suo vecchio steso sul tappeto... E nonostante le frasi interrotte dai respiri e dai singhiozzi, il sergente Dunagan aveva messo a fuoco le due cose essenziali.

La prima era l'indirizzo del guaio: un miglio a est di Dawson, sulla Highway 31. E perciò chiamò via radio il suo partner Don C. Barron, che scaldava a vuoto il motore su e giù per la città.

La seconda cosa essenziale che il sergente Dunagan aveva capito era la razza della vittima. Non un nero, né un messicano. Ma un bianco. E perciò, chiamando via radio il suo partner Don C. Barron, che scaldava a vuoto il motore su e giù per la città, gli strillò di passare a prenderlo di corsa. Subito. Adesso. «Volando!»

Nell'attesa, Dunagan aveva giusto il tempo di sbrigare i preliminari: chiamare il procuratore distrettuale Aubry Smith per rovinare anche a lui la giornata; avvertire via radio i colleghi di Houston affinché gli rintracciassero il capo, per una «dannata emergenza»; telefonare all'ospedale per l'ambulanza; e naturalmente allacciarsi i calzoni.

Quando salì in macchina, Dunagan aveva il fiatone.

Viaggiavano a sirene spiegate. Al loro passaggio, tutti i bianchi cappelli Stetson sulla strada si voltavano, lentamente, e la grosse auto in navigazione a trentacinque miglia all'ora – dopo il lampo rosso della frenata – sterzavano bruscamente per togliersi di mezzo. La città sparì. Si infilarono sulla Highway, imboccarono la deviazione per Dawson: dieci miglia, cinque miglia, tre miglia... In effetti, stavano volando.

Ma quando Dunagan fece irruzione sulla *crime scene*, al centro della quale stava l'uomo più morto che gli fosse mai capitato di vedere, steso lì come minimo da quarantotto ore (la pelle già secca e ingiallita, i buchi delle ferite neri come la pece, il sangue intorno rappreso in una pozza asciutta) pensò che tutta quella fretta era inutile quanto versare un bicchiere d'acqua nel bel mezzo di un incendio che divampa.

Il signor Edward Hale – settantaquattro anni, bianco, pensionato, vedovo da una dozzina d'anni, niente figli, unico parente il nipote – non aveva più bisogno di nulla, a parte una preghiera. Se n'era andato da un pezzo, e malamente a giudicare dal cadavere che si era lasciato alle spalle. Un cadavere per metà già decomposto dall'afa, sfigurato dalla lotta, irrigidito dal terrore e pieno di orribili ferite... Le ferite (però) attrassero la sua curiosità.

Sulla fronte allargata dalla calvizie c'erano dei lividi blu e delle escoriazioni superficiali. Una mazza, o qualcosa del genere. Sul braccio sinistro, sul petto e all'attaccatura dei capelli, delle profonde ferite da taglio. Un coltello, o qualcosa del genere. Sullo sterno, sotto la spalla sinistra e al centro del collo, tre grossi buchi neri circondati da carne bruciata. Il lavoro di un'arma da fuoco.

Dunagan non aveva visto molti cadaveri di assassinati, d'accordo, ma era la prima volta che ne aveva davanti uno su cui l'assassino, o gli assassini, avevano colpito con tanta furia, con tanta determinazione e usando *tre* armi diverse.

Perlustrò il cadavere coperto di indumenti piuttosto stazzonati: un paio di scarpe di corda bianche, molto più che consumate. Pantaloni marroni e una camicia bianca a maniche corte da quattro soldi. Il braccio sinistro disteso lungo il fianco, la mano chiusa a pugno; il braccio destro piegato verso la testa, sul polso il segno pallido di un orologio che non c'era più, la mano che sfiorava l'orecchio; la testa rovesciata all'indietro, con il collo teso, squarciato e scoperto, come se ancora ci fosse bisogno di mostrare quanto poteva essere vulnerabile.

E poi la faccia. Compressa e sfigurata. Rughe profonde, lividi, la grossa crosta di sangue sotto al naso, solida e liscia che lambiva l'angolo della bocca; la bocca spalancata, i denti scoperti come fossero il calco di gesso dell'urlo che doveva aver riempito quelle quattro pareti con tanta forza da imprimersi per sempre nel paesaggio esploso della stanza. L'occhio destro era sigillato dalla palpebra blu, sprofondata in fondo al pozzo della cavità orbitale, mentre l'occhio sinistro... Be', Cristo santo, l'occhio sinistro era spalancato, vetroso e non più umano, un cerchio minerale di opaca luce bianca, attraversata da sottili fili rossi che sparivano nel buio dilatato della pupilla, un occhio aperto, ma accecato dall'ultima immagine registrata, probabilmente la canna di un'arma da fuoco e lo sguardo selvaggio di chi la stava abbassando, verso il collo.

L'aria puzzava di morte, di carne che si stava guastando, di sangue rancido. Chissà perché a Dunagan tornò in mente la pizza che aveva lasciato a metà, sulla sua scrivania, e improvvisamente gli venne da vomitare.

Tre ore più tardi, c'era una specie di folla intorno al cadavere del signor Edward Hale. Visti dall'alto potevano anche sembrare mosche che si aggiravano intorno a un grosso banchetto. Invece erano il giudice Aubry Smith, l'assistente del giudice, il fotografo della contea che ogni trenta secondi metteva in azione la sua Polaroid, tre cupi uomini della Scientifica che spennellavano accucciati tutti gli oggetti della stanza, il medico legale, l'assistente del medico legale, tre nuovi poliziotti arrivati da Corsicana a riempire taccuini di appunti, e in un angolo, dietro un sigaro acceso, lo sceriffo Bobby Ross.

Si era tolto il cappello, ma non i Ray-Ban arancioni che rendevano un po' meno schifosa la scena che stava guardando da almeno venti minuti in silenzio perfetto. Davanti alla sua figura imponente e squadrata – capelli biondi corti, ampie spalle, braccia cotte dal sole, una grossa stella blu tatuata a metà dell'avambraccio, gambe divaricate – la stanza sembrava colpevolmente in disordine: due tavoli erano rovesciati, e così pure un vecchio ventilatore a tre piedi. Due cassetti dell'armadio erano rimasti aperti. I cuscini del divano erano stati buttati per terra. Uno sgabello stava a testa in giù al centro della stanza. Una lampada e un vaso si erano sbriciolati per terra. C'era una poltrona spostata con forza e il tappeto sotto di lei si era ammucchiato contro la parete.

Bobby Ross si era appena riacceso il sigaro e stava pensando, con furia crescente, al modo più rapido di mettere le mani sui lupi che avevano fatto tutto questo, prima, durante e dopo essersi sbranati il vecchio.

Era affaticato dal caldo, ma l'adrenalina gli pompava ondate di determinazione. Sapeva ancora poco dell'ex proprietario di questo cadavere, ma per lui era abbastanza: impiegato in pensione, fedina penale immacolata, discretamente conosciuto e rispettato nella comunità di Dawson. Insomma un normale, tranquillo, onesto cittadino. Per di più bianco. E un bianco non poteva morire così nella sua contea.

I sergenti Dunagan e Don C. Barron stavano interrogando, nell'altra stanza, il nipote della vittima, Wilmer, quarantotto anni, un ragazzone con l'aria passabilmente sconvolta, la faccia piena di lentiggini, la cravatta slacciata, gli occhi febbricitanti. Anche se non si può mai dire, il nipote non sembrava capace di fare una cosa simile. Non sembrava... E comunque lui, Bobby Ross, lo avrebbe scoperto in fretta. Stava giusto per andare a fare quattro chiacchiere con lui.

La dottoressa Betty J. Lones del laboratorio di anatomopatologia della contea, aveva fissato l'autopsia alle sette del mattino di lunedì 6 luglio, e infilandosi i guanti di lattice monouso stava scorrendo con il suo sguardo esperto, senza tradire emozioni, il corpo denudato del vecchio che i due assistenti neri dell'obitorio avevano stirato per bene sulla ceramica asettica del tavolo numero uno, affiancandogli le braccia al busto e le gambe una all'altra.

Si spalmò sotto al naso una discreta quantità di glicerina all'eucalipto, fece sparire le sue labbra sottili sotto la mascherina di garza impregnata di disinfettante. E inspirò.

Molto prima di afferrare uno dei sette bisturi allineati nella vaschetta d'acciaio per le dissezioni, cominciò a descrivere, a voce alta per il registratore, le misure e lo stato del corpo: «Maschio, bianco, età anagrafica settantaquattro anni. Altezza 166,6 centimetri, peso 53,5 chilogrammi. A un primo esame sommario, il collo, l'addome e le braccia sono segnati da grossi lividi reticolari. I capelli sono grigi. Il bulbo oculare è pallido, l'iride è blu. I denti sono naturali e parzialmente riparati. C'è una vecchia cicatrice lunga venti centimetri sulla linea centrale dell'addome. Ci sono altre due cicatrici di tre centimetri ciascuna, nel quadrante superiore destro dell'addome. Stato di decomposizione del corpo: avanzato.

«La morte probabilmente risale a poco meno di tre giorni dall'ora odierna. Calcolando la temperatura esterna che ha accelerato i processi di degradazione, ipotizziamo: tra l'una e le quattro postmeridiane di venerdì 3 luglio 1981.

«Le ferite multiple sono localizzate nella parte superiore dello sterno, al centro del collo, nella parte superiore del braccio sinistro. Le tre ferite principali sono state causate da un'arma da fuoco di grosso calibro, probabilmente un fucile, che ha sparato da una distanza massima di quindici centimetri circa, come dimostrano le polveri di combustione visibili sui tessuti. Fori di entrata del diametro di 1,3 centimetri, seguiti dall'abrasione a spirale del proiettile.

«A un primo esame nessuna delle ferite causate dall'arma da taglio a lama seghettata è mortale. A un primo esame *tutte* e tre le ferite causate dall'arma da fuoco sono mortali. Passo a esaminarle una per una...»

Bobby Ross stava leggendo nel suo ufficio le quattro cartelle battute a macchina dalla dottoressa Betty J. Lones e si massaggiava il mento appena rasato. Erano le cinque del pomeriggio del 7 luglio. Non dormiva da due notti. Intorno a mezzogiorno si era seduto sul divano dell'ufficio e senza neanche accorgersene era finito dentro un sonno profondo, senza sogni, dal quale era riemerso tre ore dopo, con uno strano senso di rilassato ottimismo. Anziché sfornargli per la milionesima volta in quarantotto ore l'immagine del corpo disarticolato di Edward Hale, circondato dal gesso bianco della Scientifica, il suo primo pensiero gli materializzò ciambelle dolci e caffè caldo.

Perché dalla notte precedente lo sceriffo di Corsicana e i suoi quattro uomini insonni avevano una pista in mano.

Dopo aver spremuto per bene il nipote della vittima, che da tre anni abitava a Denton, Texas, ma che ogni settimana passava la domenica pomeriggio dallo zio, Ross aveva inquadrato metà del bersaglio.

Wilmer Hale era effettivamente al lavoro venerdì 3 luglio, tra l'una e le quattro del pomeriggio, nel suo ufficio all'Extra Parking di Denton, un centinaio di miglia a nord dal lago di sangue dentro cui stava crepando il suo vecchio. Non c'erano ragioni materiali che potessero motivare l'assassinio del proprio zio: né proprietà da ereditare, né un'assicurazione da incassare. E non c'erano neppure ragioni immateriali – odi, litigi, risentimenti – che a volte scatenano furie altrettanto sanguinarie, in queste faccende di famiglia.

Fu Wilmer a dirgli che dalla casa mancava il fucile del vecchio, calibro 4.10, canna singola, tracolla di pelle argentata, che di solito rimaneva appoggiato sulla piccola rastrelliera appena dopo l'entrata. Il fucile non era stato ritrovato, ma due dei tre proiettili recuperati erano in condizioni buone abbastanza da rivelare il calibro e il calibro, almeno a occhio, corrispondeva. E comunque il laboratorio «Armi da fuoco» della polizia di Dallas gli avrebbe telefonato il risultato delle analisi entro sera.

Wilmer trasudava lacrime come ogni buon nipote, era teso, ma cooperativo nonostante lo shock, e soprattutto non era uno psicopatico.

Perché Bobby Ross, ecco l'altra metà del bersaglio, stava cercando proprio uno psicopatico. Un lupo che si muoveva da solo o in branco, questo *non ha* importanza, che fosse capace di ammazzare con tanta violenza un vecchio alto più o meno un metro e mezzo, fragile quanto un agnello, con quattro soldi in tasca e una casa arredata con i mobili di compensato.

I sergenti Dunagan, Barron, Rod Martin e George Scott avevano recuperato le ultime due persone che si erano imbattute in Edward Hale, quel venerdì 3 luglio. Il signor Dick Dickerson, claudicante, che dichiarò: «Ho visto il signor Hale intorno alle 12.30. Mi salutò e mi disse che stava andando a fare un po' di spesa». E poi la cassiera messicana del minimarket Supersave, Estrella Gonzales, che lo registrò come unico cliente di quella mattina e si ricordava tutto quello che aveva comprato per la considerevole cifra di 11 dollari e 35 centesimi: una confezione di Jewel-T-Instant-Coffee, una libbra di zucchero Henderson Super Fine, una confezione da sei di lattine di birra Coors.

Cosa piuttosto interessante, visto che gli investigatori avevano ritrovato, accanto al tavolo rovesciato della sala, il sacco marrone del Supersave, elemento annotato numero 076, con la specifica: «Vuoto e parzialmente strappato». Perciò il sergente Dunagan era tornato dopo il tramonto nella casa della vittima, aveva rotto i sigilli e per un paio di ore aveva frugato in stanze cassetti, frigorifero, dispensa, credenza – trovando di tutto, scarafaggi compresi, meno il caffè, lo zucchero e la birra. Cosa che oltre a fargli sibilare una mezza dozzina di volte la cantilena «Bastardi-figli-di-puttana», gli fece tremare di rabbia tutti e centoventi i chili del suo corpo sudato.

Così la lista degli oggetti scomparsi nel caso numero 5799, «Homicide-Burglary in Mr. E. Hale Residence», era infine composta da dieci paragrafi:

1) Un fucile calibro 4.10.
2) Un forno a microonde modello 8008.
3) Un anello con sette diamanti industriali.
4) Un anello con rubino.
5) Una catenina d'oro con stella di David e un diamante centrale.
6) Un orologio da polso placcato oro.
7) Un portafoglio di pelle nera.
8) Una confezione di Jewel-T-Instant-Coffee.
9) Una confezione di zucchero Henderson Super Fine.
10) Una confezione da sei di lattine di birra Coors.

Tutto considerato una schifosa, miserabile rapina da 200 dollari. Ma erano quegli 11 dollari e 35 centesimi dell'ultima spesa del signor Hale, a suscitare puro odio negli occhi arrossati di Bobby Ross. Odio misto a una specie di minacciosa, rovente e calmissima gratitudine. C'erano pochi figli di puttana nella zona a rischiare una montagna di guai per rubare «qualcosa che si potesse mangiare, qualcosa che si potesse bere e qualcosa che si potesse vendere». Lui ne conosceva uno.

Perciò Bobby Ross il pomeriggio precedente aveva spedito due investigatori a Waco e due in un certo quartiere di Corsicana. Giusto per fare domande in giro. E adesso, mentre rileggeva *per finta* le quattro cartelle della dottoressa Betty J. Lones, e massaggiandosi il mento appena rasato, sapeva di avere una solida pista in mano.

Solida quanto possono esserlo quattro re serviti al primo giro. Proprio così. Con il referto dell'autopsia in mano, si sentiva in quel momento speciale della partita, in cui hai cambiato la quinta carta, fai finta di spillarla lentamente, ma intanto le dita stringono i quattro re e la saliva che ti stai succhiando ha il sapore eccitante della vittoria. C'era una sola possibilità contro mille di vedersi sfuggire il piatto. E Bobby Ross stava puntando il cuore, la rabbia e tutta la sua personale reputazione, sulle altre novecentonovantanove.

Il primo re, quello di cuori, era una ex alcolizzata di Waco, che aveva parlato «spontaneamente» con i sergenti Dunagan e Barron a proposito di una maglietta sporca di sangue.

Il secondo re, quello di picche, era che il proprietario della maglietta, nonché marito dell'alcolizzata, nonché pregiudicato, era sparito dalla circolazione.

Il terzo re, quello di fiori, era che questo tizio stava già in cima alla lista dei sospetti per una serie di furti nelle case isolate della zona, che erano la fotocopia della rapina in casa Hale. Anche se le altre volte non c'erano stati cadaveri.

L'ultimo re, quello di denari, era che questo tizio aveva un amico inseparabile, tale Roy Lamb, diciotto anni, incensurato. E l'amico, a differenza del tizio, non era affatto sparito, ma si aggirava tra casa e lavoro con una faccia più cupa di una nuvola nera. Non solo: dalle informazioni raccolte dal sergente Martin era un ragazzo malleabile come una spugna. Bastava andarlo a prendere, spaventarlo per bene, e poi *strizzarlo*.

Quando ruotò sulla sedia per afferrare le ciambelle dolci e il caffè caldo che gli aveva appena portato il ragazzo del Clark's Bar & Restaurant, lo sceriffo Bobby Ross pensò per la prima volta a Old Sparky. Era andata in pensione da un bel pezzo, d'accordo. E oggi, giù a Huntsville, facevano lavoretti più puliti. Ma quanto è vero Iddio la giusta punizione per questo genere di bastardi non sarebbe dovuta arrivare nel sonno di una iniezione. Ecco come la vedeva lui: sarebbe stato più adatto, per l'occasione, il fuoco della morte elettrica e a occhi bene aperti, spalancati, come quelli di Edward Hale.

Mangiò le ciambelle dolci, bevve metà del caffè, si pulì la bocca. Poi controllò la sua Smith & Wesson .38 Special canna lunga, tolse e rimise la sicura, guardò il tamburo, gli fece fare un giro lento e uno veloce. Rivolto alla porta a vetri semichiusa gridò: «Dunagan! Di' ai ragazzi che ci muoviamo tra cinque minuti». E mentre sorseggiava il resto del caffè cominciò a rigirarsi tra le mani le quattro foto segnaletiche di Joseph Paul Jernigan.

Kathy Walt, la cronista triste
e Bobby Ross, lo sceriffo duro

Austin, Texas, oggi.

Kathy Walt è bionda, ha guance rotonde, piccole rughe intorno agli occhi e si dondola tristemente sulla sedia. Ha occhiali dorati, un'aria stanca come di tramonto che va spegnendosi sui suoi quarantanove anni. La voce però è bella: roca e lenta. Quando risponde al telefono (che le squilla in continuazione) dice: «"Houston Chronicle", parla Kathy Walt».

In quanto a pena di morte – versione Huntsville – Kathy Walt è una specie di autorità. Ha assistito a trentotto esecuzioni. Per trentotto volte, in sette anni, si è seduta davanti a uomini vivi che diventavano cadaveri. Lei stava dietro al vetro, il vetro dei testimoni: «Ma il vetro» dice respirando l'aria condizionata che tiene sospese le parole come si addice ai ricordi, «non ti protegge affatto». Addetta alle esecuzioni, proprio così: sedia, occhi puntati, taccuino. «Quattrocento parole se il condannato è un assassino standard. Seicento o anche di più per un serial killer.»

Mezz'ora fa una vecchia signora, incipriata come all'ora del tè, mi ha aperto la porta della redazione, la sede di corrispondenza del «Chronicle», qui ad Austin, Texas, due ore di autostrada dalla casa madre, il muscoloso building di Houston – un esagono bianco e nero – dove viene cucinato il più importante quotidiano del Texas, 800mila copie, sei piani di redazioni rigorosamente open space tutti allagati dalla perpetua pioggia delle tastiere in azione.

Qui invece – tolti i telefoni – un passabile silenzio da estate insonorizzata. Otto grosse scrivanie dentro a una doppia sala di centocinquanta metri, al settimo piano del One Thousand Five Building, di Converse Avenue. Fuori dalla finestra, non molto distanti, i marmi del palazzo del governo del Texas circondati dal verde geometrico delle aiuole alternato al bianco dei parcheggi. Visto da lontano lo State Capitol sembra finto – la versione Disney del potere – proprio come piace agli americani.

La scrivania di Kathy è quella più in fondo. Mi dice subito: «Ricordo poco di Jernigan. Ho riletto il mio pezzo dopo che mi hai telefonato. Era un pezzo fatto con le agenzie perché quella volta non andai. Però la sua scheda me la ricordo. Era alto, giusto? Con quella faccia dura da mezzo asiatico, ho riguardato le sue foto... So che non accadde nulla di speciale durante l'esecuzione. Tranne che lo stavano facendo fuori, naturalmente». Dice: «Credo fosse considerato un tipo tranquillo, *ormai*. Era stato lì dentro per dodici anni... Il giornale tornò a parlare di lui quando venne fuori la storia del suo corpo fatto a fette per internet, ma non me ne occupai io».

Le dico: ne ha scritto Ronnie Crocker, dello staff centrale. L'ho incontrato due giorni fa a Houston.

«Ah, Ronnie...» dice lei.

Ronnie Crocker, trentasette anni, faccia spadellata, giacca, cravatta, panciotto e *gemelli* ai polsini, si fece trovare in un salottino dello «Houston Chronicle» con una tazza di caffè e aveva bisogno di tutto meno che di caffè. Erano le undici del mattino. Si spalancò in un grande sorriso saltando in piedi («Ehi, ehi! Com'è andato il viaggio?») per poi lasciarsi cadere sulla sedia girevole esibendo all'improvviso uno sguardo depresso.

«Quella di Jernigan era una buona storia» disse mentre con il pollice si dava continui colpetti alla giacca di sartoria scacciando invisibili granelli di polvere. «L'ho scritta dopo che i furboni del "Los Angeles Times" l'avevano tirata fuori pescandola da un reporter australiano... Se vuoi un consiglio devi andare a Dallas a incontrare l'avvocato Mark Ticer, quello che ha difeso Jernigan. Negli ultimi tempi erano diventati amici, o qualcosa del genere. Per essere un avvocato, è molto più che disponibile. Dallas è una città che fa schifo. Tutti molto cowboy, vedrai... Blue-jeans, stivali e giacche Armani, Gesù, scarpe sporche di petrolio e giacche Armani. A proposito, in Italia quanto costa una giacca Armani?»

Crocker roteava sulla sedia. Accendeva e spegneva lo sguardo. Io pensai: Respira Crocker, respira.

Lui si staccò un gemello e cominciò a giocarci. «Vabbè, comincia da Kathy Walt, se vuoi, lei sa un sacco di storie sui condannati. Sta ad Austin, che in sé e per sé è una città passabile, ma non ti fare illusioni, non è Los Angeles, mi spiego? Il mio consiglio è: becca l'avvocato e poi buona fortuna. Immagino che tu abbia un'idea di come muoverti... Comunque se hai problemi, chiama qui al "Chronicle"... In Texas, noi del "Chronicle", valiamo ancora qualcosa, vuoi del caffè? No? Bene. Io invece bevo un mucchio di caffè. Ho detto alla segretaria di farti le fotocopie, non c'è problema, ci aggiungo un po' di numeri di telefono. Ti interessano uomini dell'Fbi? Politici? No, bene. Ma se vuoi un consiglio leggiti bene il mio articolo: ci lavorai una settimana, trovando naturalmente tutti i personaggi della storia.»

Non tutti, pensai.

«Non me ne occupai io» dice Kathy Walt. «Quando lo fecero a fette io avevo già smesso di scrivere dei condannati...» Il suo ultimo pezzo da Huntsville è datato 6 ottobre 1995. Non riguarda un'esecuzione, ma è diciamo un privato addio alle esecuzioni, un pezzo riassuntivo, prima di appendere «quel genere di servizi» al chiodo della memoria. L'articolo lo tiene sopra un piccolo cactus ocotillo. Inizia così: «È un cammino breve. Più o meno una dozzina di metri il che vuol dire quindici passi. Ma per i cento uomini che, in questi diciannove anni, l'hanno intrapreso – dalla piccola, scura cella d'attesa della Wall Unit fino all'asettica stanza delle esecuzioni – è probabilmente il cammino più lungo dello loro vita. Quando aspetti che i condannati compaiano al di là del vetro, puoi immaginare quel cammino: un passo dopo l'altro. Poi senti scattare le aperture elettriche. E comincia il conto alla rovescia dei minuti. In questi sette anni, tutto è avvenuto molto semplicemente. Il solo cambiamento visibile nelle procedure delle esecuzioni è il declino di interesse da parte dell'opinione pubblica».

Oggi Kathy Walt si occupa di insegnanti e scolari e qualche volta – quando tra i banchi di scuola sgocciola del sangue – anche di nera. Kathy ha due figli e un ex marito. Vive nei sobborghi di Austin. Quando ha smesso di assistere alle esecuzioni ha anche smesso di fumare: «Non so se c'era una relazione tra le due cose» dice, «ma probabilmente sì».

Parlami del tuo lavoro, le dico. Il lavoro *di prima*. E lei comincia a strofinarsi i polsi: «Ho iniziato» dice, «perché credevo fosse una cosa utile. In un certo senso, pensavo, io sono l'opinione pubblica, sono il cittadino americano, sono...» esita, sorride, «dovrei essere la sua coscienza...»

Solo che?

«Solo che io non ero affatto la coscienza degli americani: ecco di cosa mi sono accorta. Ero solo il buco della serratura attraverso il quale la stragrande maggioranza delle coscienze americane guardava soddisfatta ciò che si aspettava di vedere: un criminale che *finalmente* viene tolto dalla circolazione.»

Prosegue: «Io, a un certo punto, mi sono sentita *interna* alla rappresentazione, non la testimone, ma la parte finale dell'esecuzione. Credevo di essere quella che accende la luce sulla scena del delitto, il delitto dell'esecuzione. E invece ero quella che la spegneva: tutto fatto, americani, ora che vi siete letti le mie quattrocento parole, potete tornarvene fuori, tranquilli, al vostro barbecue in giardino.

«Mi ricordo che all'inizio, fuori dalla prigione, c'erano tre-quattrocento persone che protestavano a ogni esecuzione, con le candele accese, i cartelli, i cori, le nenie di addio: addio non tanto al detenuto, ma proprio alla civiltà, addio alla pietà, addio al diritto... C'erano i ragazzi e i fotografi e le telecamere che giravano questa mezzanotte col morto. Sapevi che lì dentro, dietro ai muri di mattoni della Wall Unit *stava succedendo qualcosa*.

«Oggi non c'è più nessuno, anche se quel *qualcosa* sta continuando a succedere.

«In sette anni ho visto morire uomini neri e bianchi, uomini anziani o con la faccia da ragazzi, uomini imponenti o anche esili, spaventati e indifferenti. Tutti vestiti allo stesso modo, con la famosa tuta bianca di Huntsville... Mi ricordo di Raymond Landry, che fu giustiziato nel 1988, l'ago gli schizzò fuori dall'avambraccio, così all'improvviso che il direttore della prigione si precipitò verso di noi, verso il nostro vetro, per chiudere le tendine e impedirci di vedere. Passò un minuto e quando le tende furono di nuovo scostate la scena si era ricomposta. Provai la sensazione di partecipare a una finzione. Solo che gli uomini distesi morivano davvero. E io ne scrivevo.

«Perciò ho cominciato ad aprire gli occhi, anche se lentamente. Perché ho continuato a credere che gli articoli fossero la mia personale candela accesa. Volevo crederlo. Anche se col passare degli anni le candele diminuivano e i cadaveri aumentavano... Quando la Corte Suprema abolì la pena di morte nel 1972, i detenuti nei bracci della morte erano seicento in tutti gli Stati Uniti. Oggi sono più di tremila.» Le sue guance diventano appena appena rosse, dice: «Non c'è modo di opporsi, è come cercare di fermare una frana con le mani, alla fine ci lasci le mani e la vita...».

Le chiedo: è per questo che hai smesso? Kathy ci pensa. Dice: «Hai intenzione di andare a Huntsville? Bene. Quando vai a parlare con *loro*, con qualunque di loro, ricordati di guardare gli occhi. Sono diversi dai nostri e sono diversi da quelli di tutti gli altri detenuti che non stanno dentro al braccio della morte. I loro occhi sono arrossati, oppure molto cerchiati, li hanno acquosi, e comunque con più luce. E come se tutti loro avessero la febbre... Un giorno quella febbre è venuta anche a me e ho avuto bisogno di curarmi. I loro occhi hanno a che fare con la mia decisione...

«Non me la sono più sentita. Di colpo. Potrei dirti che ho smesso perché mi sentivo sempre sotto a quella frana. Una frana di uomini uccisi. Ma in realtà c'era questa cosa in più: quegli occhi. Ho smesso quando mi sono accorta che tornandomene a casa, dopo un'esecuzione, invece di pensare o tormentarmi, riuscivo a dormire». Alza le spalle, respira, e mi guarda come a dire: tutto qui.

Poi Kathy Walt si dà un'aggiustata ai capelli. Fruga nella borsa, ma non ne tira fuori niente. Allora cerca nel cassetto. Estrae un orologio, dice: «Tra quindici minuti devo andare a una conferenza stampa». Poi torna a frugare nella borsa: «Eccolo. Ti avevo trovato questo», e mi consegna un indirizzo. «È di un tale che si chiama Bobby Ross. Ti dice niente?»

Come no, lo sceriffo di Corsicana, dico.

«L'*ex* sceriffo di Corsicana» precisa lei. «Abita qui ad Austin. Oggi fa un altro lavoro...»

Che genere di lavoro?

«Vallo a trovare e lo scoprirai.» Sorride, ma appena appena. Si alza. Mi segue fino alla porta. «Quando andrai a parlare con i condannati» mi dice, «ricordati gli occhi...»

La sua adesso è una faccia standard, professionale. Ci si è appena nascosta dentro.

Bobby Ross ha lasciato Corsicana all'inizio del 1990. Si è trasferito ad Austin. Ha smesso di dare la caccia ai fuggitivi della Navarro County, perché adesso fa l'imprenditore. Una strana specie di imprenditore, per la verità, che non investe in petrolio o pascoli, ma in detenuti. Il suo business si chiama carceri private.

Ross gira in Cadillac, guarda l'ora dentro un Rolex Submarine cobalto e dalla tasca interna della giacca bianca estrae biglietti da visita bordati oro che non dicono: «Bobby il carceriere». Bensì: «The Bobby Ross Group Inc.». Quattro carceri sparpagliate nei dintorni di Austin, 250 detenuti (al momento) che lui si incarica di custodire per conto dello Stato federale. Se gli chiedi come ci si sente a tirare su carceri e a riempirle di detenuti, lui ti guarda come un'iguana, immobile: «*It's a good job*», è un buon lavoro, dice.

L'ex sceriffo non percepisce alcun dolore nei suoi ricordi. Né emozioni. È freddo come il lungo Davidoff spento che tiene fra le dita.

«Andai a catturarlo all'alba» racconta, seduto dietro la scrivania del suo ufficio. «Lo feci confessare. Lo portai al processo e la giuria lo condannò a morte. Poi sono passati un mucchio di anni... Quanti? Dodici, sì. Dal mio punto di vista è un peccato che lo abbiamo dovuto mantenere così a lungo... Ma la faccenda non cambia: se c'è uno che meritava di finire sul patibolo questo era proprio il suo signor Joseph Paul Jernigan.»

Ross era andato a prenderlo con dieci agenti: avevano circondato l'autorimessa al numero 1609 di Lyle Road, Waco, dove il *most wanted* si era rifugiato. I poliziotti avevano fatto irruzione alle 6.30, trovandolo addormentato in mezzo a un mucchio di scatole di cartone. Ross gli aveva quasi spezzato il braccio, mentre lo trascinava fuori. «Lo agguantai per i polsi e glieli rigirai all'indietro, facendo scattare le manette. Era intontito e spaventato... Anche se era grosso non fece resistenza. Disse solo: "Mi arrendo, non fatemi del male, mi arrendo..."»

Per quel che (distrattamente) ricorda, Paul era stanco, spaventato e probabilmente in preda a una crisi di astinenza. «Sapeva che lo stavamo cercando. Sapeva che Vicky aveva parlato. Sapeva che avevamo già preso Roy Lamb e che anche Roy aveva vuotato il sacco. Non aveva né amici né soldi. Non sapeva dove andare. Così si è messo in quell'autorimessa abbandonata, come avrebbe potuto infilarsi sotto un letto, se ne avesse avuto uno a disposizione.»

Paul rimase tre mesi e mezzo nella camera di sicurezza dello sceriffo. Di quella permanenza non resta alcuna traccia. Ross dice: «Era completamente depresso. Stava in silenzio. Guardava il muro e per il resto dormiva».

Nient'altro.

Finalmente Ross si ficca il sigaro tra i denti e accende.

Impressioni su Paul?

«Uno che non avrebbe mai dovuto vivere libero.»

Che significa *mai*?

«Che era un uomo pericoloso. Vede, i giornali scrissero un mucchio di stronzate quando ci fu il processo. Si scandalizzarono perché aveva ucciso per un forno a microonde e una mezza libbra di caffè... No. I criminali come Paul ammazzano per rapinare, e di solito trovano un po' meno di un milione di dollari nelle tasche delle loro vittime. Il fatto è» Ross aspira una lunga boccata dal Davidoff, soffia via, riprende, «il fatto è che quel tipo di gente ammazza chi li intralcia. Ammazza *per aprirsi la strada.*»

Due donne come fantasmi
e le fiamme di Waco in lontananza

Corsicana, Texas, oggi.

Lei si ricorda di Paul Jernigan? La donna dietro al bancone, cinquant'anni, grembiule rosso, capelli rosa, unghie amaranto, scuote la testa. L'aria calda sa di ketchup e uova fritte. «Vuole un caffè o cosa?»

Le dico, Paul Jernigan abitava da queste parti tanti anni fa.

«Tanti quanti?»

Fino al 1981.

«Uuuh! A quel tempo vivevo in una casa mobile e non so neanche dove. Stavo sempre vicino a qualche posto, ma mai in un posto preciso. Stavo nel grande Texas e questo è tutto. Era un tuo amico?»

Non esattamente, lo hanno giustiziato nel 1993.

«Gesù, ho capito di chi stai parlando. Stai parlando dell'*assassino.*»

Sua madre abita ancora da queste parti?

«Sua madre si chiama Annabelle McHenry e abita proprio da queste parti. Adesso si chiama McHenry e non Jerri-non-so-cosa. *McHenry*. Cosa stai cercando?»

La sua storia.

«La storia dell'assassino? La vecchia non sarà contenta.»

Corsicana è un paese sparpagliato in mezzo al nulla. Il nulla comincia all'uscita 231 della Interstate 45, direzione sud, dove viaggia il flusso insonne dei giganteschi Kenworth, camion a diciotto ruote con abitacoli cromati e scappamenti verticali e colori sgargianti, in corsa verso Dallas.

La corsia d'uscita disegna un ampio cerchio, costeggia un paio di Holiday Inn, tre rivenditori di automobili, una fabbrica di ceramiche, capannoni senza insegne e poi, dove la terra è bruciata, la ferrovia. I treni merci arrivano dall'orizzonte di pascoli e spariscono dentro il cielo di nuvole basse. Nessuno che abbia l'aria di fermarsi qui, a Corsicana.

Il primo semaforo lampeggia su un incrocio deserto. E deserti sono i marciapiedi. C'è una tintoria chiusa, un rivenditore di gomme, un negozio dove affittano videocassette. Le case si addensano all'improvviso – tutte a uno o due piani, mattoni rossi – poi all'improvviso si diradano. Ogni tanto spuntano cespugli di lupini e cabine telefoniche. Ogni tanto spuntano chiese della First Baptist Church, costruite con il legno dipinto di azzurro, circondate da piccoli fazzoletti di erba verde, come se il tutto l'avessero disegnato i bambini più diligenti della Sam Houston School.

Un uomo vestito di grigio è l'unico passante, gli chiedo se sa dove sia l'indirizzo che sto cercando. Lui fa segno con la mano, come per dire: laggiù.

Laggiù dove?

«Dritto e ci sbatti il muso» dice. Sputa.

Conosce la signora McHenry?

Scuote la testa, alza il mento, se ne va.

Scivola via una vecchia Buick che fischia all'incrocio svoltando a destra. Dopo l'incrocio, solo case basse. Ci sono tre scalini di legno, poi la porta grigia. Al centro della porta il campanello. Suono.

Annabelle McHenry esce da una penombra come d'inchiostro. È più vecchia e più piccola di quanto mi aspettassi. I capelli sono tagliati corti e quasi completamente bianchi. La faccia è scavata, gli occhi e le labbra sono strette. È vedova dal 1990, tre anni prima che le ammazzassero Paul. Vive da sola. I figli la chiamano una volta al mese, e una volta al mese le mandano qualche dollaro.

Ha un viso imperturbabile, tipo *così vanno le cose della vita, ragazzo*. Mi guarda senza alcun sorriso. «Sei tu quello che mi ha telefonato? Be', hai fatto tutta questa strada per niente. Non ho proprio nulla da dirti.»

Indossa una vestaglia gialla e tiene tutte e due le mani in tasca.

Vorrei solo sapere com'è andata.

«Andata cosa?»

La vita di Paul.

«Non è come l'hanno raccontata.»

Non l'hanno raccontata, le dico. Posso entrare?

«No.»

Stiamo tutti e due a guardarci. Piccole folate di vento portano il lamento dei cani e la polvere, più un filo di musica country. Lei si tiene ostinatamente sulla soglia di casa. Ha l'aria di voler rientrare da un momento all'altro. Però non lo fa. E all'improvviso dice: «Hanno scritto che era un cattivo ragazzo. Un diavolo. Ma non è vero. Era alto e grosso, però era fragile come il vetro».

Fragile come?

«Dentro. Proprio fragile come il vetro.»

E il vetro, le chiedo, quando si è rotto?

Lei guarda lontano, un punto imprecisato sopra alle mie spalle. Ha gli occhi verdi, un viso abituato al silenzio. Dice: «Tanto tempo fa».

Paul è cresciuto qui?

«Siamo venuti via da Chicago che lui aveva quattordici anni.»

E gli piaceva?

«Non gli piaceva né Chicago né qui.»

Era un tipo solitario o cosa?

Annabelle tira su col naso, mette le braccia conserte, quasi volesse abbracciarsi, o tenersi il respiro: «Da ragazzino Paul passava i pomeriggi a giocare tra quelle sterpaglie. È che ha sempre avuto l'asma e non poteva correre, giocare a baseball, o cose del genere...».

Gli piaceva andare a scuola?

«No, non gli piaceva.»

E cosa gli piaceva fare?

«Guidare, riparare i motori. Starsene in giro.»

Dicono fosse violento: scoppi improvvisi dal nulla. Lei ha mai avuto paura?

«Paura? Non lo so...» si soffia il naso. «Era violento, sì. Qualche volta era un'altra persona... Come se un altro gli abitasse dentro. Gli succedeva... Anche se negli ultimi anni era diventato un ragazzo tranquillo...»

Negli ultimi anni del carcere?

«Sì, negli ultimi anni...»

Che cosa ricorda di lui, cosa ricorda di speciale?

Lei si tiene stretta, dice: «*Tutto*», e un'ombra le attraversa la luce liquida degli occhi. «Tutto» ripete, «anche le cose che non dovrei...»

Cosa non dovrebbe?

«La prima volta che l'ho visto in carcere, che aveva diciannove anni... E tremava... Aveva la droga dentro che lo faceva sudare, questo non dovrei ricordare... E non dovrei ricordare la sua ultima telefonata prima di andare all'iniezione... Ecco, nell'ultima telefonata, quando mi ha detto che avrebbe dato il suo corpo ai medici... Io non volevo, non volevo… Ero così spaventata, così infelice… E comunque anche lui ha avuto una vita infelice, una vita dura, una vita senza niente… E ha avuto una brutta morte, con la gente intorno che ti guarda mentre crepi… Con la gente che controlla se stai davvero crepando, perché tutti lo vogliono…»

Alla fine anche suo figlio lo voleva, le dico.

«Lo so…» Annabelle sta per piangere, chiude gli occhi, respira. Si calma.

Le chiedo: aveva amici? Le hanno mai raccontato come era fatto suo figlio?

Annabelle si appoggia allo stipite: «Nessuno sapeva niente di Paul. Ecco magari quel Roy Lamb che gli stava appiccicato ed è entrato anche lui in quella casa, giù a Dawson… Lui forse sapeva qualcosa di Paul… E del resto neanche Paul sapeva molto di sé… Si bruciava la testa con l'alcol, la droga, cose del genere… Era capace di starsene tutto il giorno a letto e di sparire per notti intere. Non parlava molto, non con me almeno, non qui in casa».

E vero che *prima* voleva andare in California?

«Tutti vogliono andare da qualche parte. A lui sarebbe piaciuto vedere quell'oceano là…»

E che altro avrebbe voluto?

«Non credo lo sapesse… In ogni caso non gli hanno lasciato molto tempo per decidere. A diciannove anni era in galera e a ventidue era di nuovo dentro. Poi c'è stato il fatto… Ha strappato la vita a un vecchio, lo so. Lui lo ha confessato e credo che dopo dodici anni di carcere duro avrebbe avuto diritto a un po' di pietà. Invece lo hanno ammazzato.»

Cosa le ha raccontato Paul?

«Paul ha passato anni interi a raccontarsi come andò quel pomeriggio. Anni interi. Poi ha smesso. E non si è più opposto al destino, né al carcere, né al tempo. Ha aspettato, perché sapeva che il suo destino era aspettare… Una volta mi ha detto che tutta la sua vita era in quei pochi minuti passati dentro alla casa giù a Dawson. Che ha sentito come un incendio che gli ha bruciato la pancia e dopo l'incendio, il vuoto. Questo mi ha detto. Da allora non ha più smesso di cadere, anche se all'ultimo credeva in Dio.»

Questo lo ha aiutato?

«Dio aiuta tutti.»

Sa che fine ha fatto Roy Lamb?

«So che lui è *vivo*, ma non so dov'è. Non abita più qui, non da queste parti, almeno.»

Non gli ha mai parlato?

«No, non avrei proprio niente da dirgli.»

All'improvviso, come una folata che scuote gli alberi, Annabelle comincia a piangere. Lo fa in modo silenzioso, chiudendo gli occhi, con le guance che le tremano. «Non voglio più parlare di mio figlio... Voglio dimenticarlo... Perché non c'è un solo posto al mondo dove io possa piangerlo, a meno che non vada a inginocchiarmi davanti a uno stramaledetto computer... Mi hanno portato via tutto di Paul, anche il corpo... E adesso lasciami in pace.»

Si asciuga gli occhi. E con la stessa trascurata noncuranza con cui è comparsa, Annabelle sparisce dietro alle quinte del suo mondo che ha sbarre incorporate e catene e veloci illuminazioni di un passato destinato a intralciarle ogni risveglio, come fanno i dolori che non si addormentano mai.

Penso al Dio della Bibbia. La Bibbia che viene recitata ogni domenica mattina nelle chiese battiste di Corsicana. Il Dio che ha fatto Paul con il fango, la carne e le ossa. E penso agli uomini che lo hanno disfatto per poi ricostruirlo con i numeri. *Dio aiuta tutti*. Ma se questo è il risultato, chi aiuta Dio?

Il benzinaio della Mobil Oil di Corsicana, una specie di orso con la barba bionda, dice che conosceva l'assassino. Aveva una macchina schifosa, se lo ricorda per questo. «Non era uno che ti faceva piacere incontrare» dice. «Una volta mi ha vomitato nel cesso e per quel che ne so era sempre ubriaco, anche quando si è sposato. Lo sa che si era sposato? Stava con una bionda di Waco che chissà che fine ha fatto...»

Vicky Lynn non ha fatto nessuna fine, semplicemente non ha mai cominciato. Quando entro nel Little Don Joe Bar di Waco – dipinti messicani alle pareti e marmellata di cactus sullo scaffale – dalla penombra spunta il barista che se ne sta in fondo al locale, fra i tavoli di plastica verde. Zoppica. Ha uno straccio sulla spalla, due tatuaggi sugli avambracci – un serpente e un drago – la sigaretta accesa.

«Mai più vista», dice. «Anni fa si addormentava proprio laggiù, dopo aver fatto fuori una montagna di birre. E non c'era mai un momento buono per svegliarla perché era capace di incazzarsi dura. Non aveva un buon carattere...»

Quindici anni fa, il 6 luglio 1981, il giorno dopo la scoperta del cadavere di Hale, il sergente Brian Dunagan di Corsicana, era da queste parti. Doveva incontrare una tipa che arrivò accompagnata da un poliziotto di Waco. Lui la caricò in macchina e guidò fino a Corsicana, la fece accomodare nel suo ufficio, le offrì un caffè. Un'ora dopo lei firmava la «dichiarazione spontanea» protocollata «Tripla A», massima importanza, nonostante fosse di sole undici righe. Diceva così: «Paul portò a casa una confezione di Jewel-T-Instant-Coffee e un orologio da polso quadrato, con cinturino di pelle, e un sacchetto di zucchero Henderson Super Fine. Paul mi disse: "Vicky, ficcali in un sacco e buttali". Poi si tolse la maglietta che aveva delle macchie. Ho pensato a macchie di sangue. Mi ha detto di lavarla. Ho capito che qualcosa non andava, così ho nascosto tutto e quando è arrivato il poliziotto, ho consegnato il caffè, lo zucchero, l'orologio e la maglietta. Paul è Paul Jernigan e Vicky è la sottoscritta Vicky Lynn, sua moglie».

Vicky chiese e ottenne il divorzio tre mesi dopo l'arresto di Paul. Non andò mai a trovarlo, né prima né dopo la condanna. Non gli scrisse mai una lettera, né un indirizzo. Non gli fece avere più notizie di sé né delle due figlie. Sparita.

Così come è sparita la loro casa in McKenzy Street, demolita dopo essere rimasta abbandonata e vuota per cinque anni.

Così come è sparita la Red Arrow Freight Line, dove lavorava Paul, guidando duro i suoi pick-up impolverati dai chilometri di Texas.

Così come è sparito Roy Lamb e famiglia e il loro negozio di ferramenta sulla Sycamore.

Così come è sparito il sergente Brian Dunagan, sepolto un paio di anni fa «in un cimitero da queste parti, non so bene dove», come mi dice un giovane vicesceriffo che mastica pollo fritto seduto sotto a un ventilatore nella sala radio del Police Department.

Sparito tutto, bruciato come il ranch del reverendo David Koresh, che un ragazzo mi indica mentre sto lasciando Waco dove speravo di rintracciare Vicky o qualcuno che sapesse. «Il ranch stava lassù» mi dice il ragazzo. Come no: tutte le tv del mondo l'hanno immortalato tra le fiamme. È lassù che il reverendo viveva con ottanta adepti, donne, uomini e bambini, più le armi, più i computer, strillando al mondo di Mount Carmel – erba secca e cielo pezzato – di essere la reincarnazione di Gesù, dopo aver abbandonato il sogno di diventare una rock-star.

Per cinquantuno giorni, dopo aver fatto fuori quattro federali, Koresh e i suoi davidiani resistettero all'assedio dell'Fbi e delle telecamere, asserragliati nel loro bunker di legno e paranoia. Avevano acqua e cibo per sopravvivere all'eternità e abbastanza dinamite da farla esplodere. Preferirono il fuoco alla resa. E da allora – 19 aprile 1993 – non è rimasto che un po' di fumo negli occhi dei turisti che vengono ancora oggi qui, a guardare il luogo dell'evento come fosse un museo sul nulla e a leggere la lapide lasciata dall'incubo.

Di Paul Jernigan (invece) nessun ricordo, o quasi. Un assassino sparito tanto tempo fa. Senza che nessuno si sia mai accorto di quanto gli sia toccato in sorte: una reincarnazione digitale e una speciale eternità che neppure un tipo come David Koresh avrebbe mai immaginato.

La casa della vittima e il suo giudice

Dintorni di Dawson, Texas, oggi.

Mi ci vogliono due passaggi per trovarla. La prima volta solo rovi, polvere e una strada che non porta da nessuna parte. Alla seconda, percorrendo il driveway a passo d'uomo, due assi penzolanti spuntate dal nulla, segnano l'imboccatura di una stradina quasi completamente cancellata dal tempo. Ci entro. La Mercury sobbalza sulle buche. I rami di una grossa quercia carica di foglie strisciano sulla carrozzeria, come un sipario che si apre. Eccola là in fondo.

La casa di Edward Hale, la vittima, è completamente essiccata e grigia, il tetto annerito dalle piogge, la veranda uno scheletro storto. Percorro il vialetto, svolto sul fianco destro, e mi fermo sul retro dove è rimasta la struttura spolpata di quello che doveva essere il box. Spengo il motore. Resto ad ascoltare il silenzio interrotto dalle piccole ondate che portano il soffio dei motori in corsa sulla Highway 31. La pancia della Mercury emette un tintinnio da carillon. Poi tutto si ferma.

Immagino che anche Paul, quindici anni fa, più o meno a quest'ora, più o meno in questo punto, stava a respirare dentro alla sua Dodge meticcia. Era luglio, venerdì 3 luglio

1981, e doveva esserci un sole rovente. La casa che aveva appena visto era ancora *viva*. Le pareti erano dipinte d'azzurro, il tetto era marrone. Sulla veranda di legno c'erano una poltrona di plastica bianca, un tavolo rotondo, una fioriera. Le imposte erano blu, i vetri puliti. Il vialetto e il terreno intorno erano cosparsi di ghiaia.

Cerco di immaginarmi come potesse essere la scena, allora. Ma cammino solo sui detriti abbandonati dal caso. Ci sono sassi, foglie, rami. Il pavimento rialzato della veranda è sfondato. La porta e le imposte sono state inchiodate. Provo a spostare un'asse di fianco alla finestra, ma dalla fenditura solo nero e silenzio.

Cerco di immaginarmi la scena che solo gli occhi di Paul hanno visto, *prima*. Perché quello che si è lasciato alle spalle è inciso su decine di fotografie, è annotato in tutti i verbali del processo e nei freddi articoli dei giornali locali che hanno seguito il caso di «Jernigan, the Killer».

E comunque quelle centinaia di dettagli di cui si compone il delitto galleggiano ancora sulle piccole superfici dei superstiti, possono essere ricatturati dalla rete dei ricordi. Quello che non c'è più è ciò che si è portato dentro Paul per dodici anni, notte dopo notte, steso sul letto d'acciaio della cella, aspettando il sonno. E sono convinto che prima di tutto – prima del sangue e del terrore, della fuga, della confessione, del carcere – gli danzasse in testa il colpo d'occhio e il lento respiro che hanno preceduto l'azione: il fondale che mi circonda *adesso* e che lo circondava *allora*. Quando aprì lo sportello, scese, inspirò l'aria calda, si bilanciò e si mise *in ascolto*.

La morte ha quasi sempre una spiegazione. Arriva con la malattia o la vecchiaia. Ce la annunciano la penombra dei medici, gli occhi dei figli, l'odore del letto. Anche la morte violenta ha una spiegazione. A Baghdad e sul Mekong c'era il rombo degli aerei. A Srebrenica e a Groznyj quello delle granate. Nella banca assaltata la luce isterica delle urla. Nella strada di Medellín i passi veloci alle spalle. E anche Edward Hale ha visto il suo assassino, l'estraneo in cui inciampi nel momento sbagliato e *tutto ne consegue*, rotolando attimo per attimo, fino alla fine.

Ma io sto parlando di Paul. Quale rumore, quale luce, quale odore ha sentito quando trafficava con la finestra della sua vittima? Quale segno gli ha annunciato non la morte in generale, quella del mondo, ma la sua propria? La sola che lo riguardasse davvero, anche se stordito di birre, marijuana e rabbia. L'unica a cui *non pensava*. Una morte che si era appena messa in cammino per raggiungerlo di lì a dodici anni.

Non c'è modo di giustificare un assassino, anche se persino gli assassini hanno le loro ragioni. Anche Patrick C. Batchelor, il procuratore che chiese e ottenne la condanna a morte di Joseph Paul Jernigan, ha le sue. Le chiama «*The Law*», la Legge, ma non fa molta differenza. Mi dirà: «Nello Stato del Texas ci sono sette casi che prevedono la pena di morte, l'omicidio è uno di questi. Non mi sono mai pentito di quella condanna. Era un uomo cattivo. Era pericoloso. Confessò lui e confessò il suo complice, quel ragazzo... Roy Lamb. Fu ritrovata l'arma, il bottino della rapina, le tracce di sangue sulla sua maglietta. Non c'erano dubbi, neppure il più piccolo. E non era malato. Era solo cattivo, un diavolo. Mi hanno detto che ha regalato il corpo alla scienza. Le confesserò che la cosa mi ha stupito perché è stato *quasi* un gesto di bontà. Gli hanno sbriciolato il corpo... Ma forse è meglio così: non c'era terra consacrata adatta a ricevere le sue spoglie. *Fondamentalmente* spero che la sua anima bruci per sempre nelle fiamme dell'inferno».

A prima vista sembra molto semplice inquadrare Patrick C. Batchelor, detto Pat, giudice della contea di Navarro, largo di spalle, di mascella, di occhiali. Un mastino che odia i criminali, un uomo di rigore e di principi appuntiti. Bianco, sessantatré anni, anello d'oro al mignolo, texano fino alla punta dei capelli pettinati con cura. Invece, poco prima di lasciarlo, mi stupirà.

Arrivo da lui a metà pomeriggio. La Municipal Court, il Tribunale di Corsicana, è una palazzina a due piani circondata da aiuole. L'ufficio di Pat Batchelor è in cima alle scale, una segretaria con la faccia da cocker mi fa sedere su una poltrona di pelle. Lui compare dopo neanche un minuto, allargando la porta e il sorriso: «Prego» mi dice.

È una stanza di tre metri per tre, stipata come un armadio. Metà dello spazio è occupato dalla grossa scrivania in noce. Le pareti sono coperte di scaffali carichi di libri, codici, faldoni. In uno spicchio di parete libera: la laurea e la foto dei due figli con la divisa della Marina militare. Ma ci sono anche alcune cose notevoli. Sopra allo scaffale, alla sua sinistra, un armadillo imbalsamato, lucido e metallico come un elmetto, con gli occhi da pazzo («L'ho ucciso io, quando ero ragazzo»). Sulla scrivania un orologio Quartz incastrato fra sei finti candelotti di dinamite legati fra loro da nastro adesivo rosso. Alle sue spalle uno scheletro alto poco più di un metro, di plastica, ma molto verosimile. «Questi due sono regali» mi dice, indicando la dinamite e lo scheletro.

Alludono? gli chiedo.

E lui sgrana gli occhi: «No, non credo...».

Parliamo, come se niente fosse, di morte, del fatto che il suo lavoro preveda la morte.

«Jernigan fu il primo condannato a morte nella contea dopo una quindicina d'anni. Adesso ne abbiamo cinque nel braccio di Ellis One, a Huntsville, che verranno giustiziati, *più o meno*, entro i prossimi due anni... Uno di loro ha rapito una bambina, l'ha stuprata, l'ha uccisa, fatta a pezzi e bruciata. Ho le foto, se le vuole vedere...»

Della bambina? No, non ci tengo.

«Ha ragione, è meglio così. Comunque lo abbiamo preso in pochi giorni, grazie a Dio... Come Jernigan.» La sua faccia larga e liscia resta imperturbabile: «Io *so* cosa pensate voi europei a proposito della pena di morte, ma da noi c'è un senso comune molto diffuso che considera la morte una giusta punizione. Chi ha preso una vita deve risarcirla con la propria».

Sotto la grossa lampada bianca il suo Rolex d'oro manda bagliori. Gli guardo i polsi robusti e bianchi.

«Fondamentalmente» dice, «la giustizia in questo Paese ha tre obiettivi: difendere la gente dai criminali; punire chi ha sbagliato e infine riabilitarli. Purtroppo ci sono uomini che non possono essere riabilitati. E allora restano valide solo le altre due ragioni. Se commetti qualcosa di veramente grave, sarai punito, perché così vuole la legge. Se hai le potenzialità per compiere una seconda volta lo stesso crimine, sarai eliminato. Perché così vuole la comunità.»

Mi parli di Jernigan, gli chiedo. Cosa ricorda di lui, come si comportò durante il processo.

«Oh, il processo fu molto rapido. Lui era piuttosto ombroso. Parecchie volte ebbi la sensazione che non seguisse, che non gli interessasse il dibattimento. O che almeno ogni tanto perdesse il filo dietro a pensieri suoi... Se non ricordo male il processo durò appena tre udienze.»

Dal 24 al 26 novembre 1981, gli dico.

«Sì, tre udienze. Nella prima parlarono lo sceriffo, gli investigatori e i testimoni. Nella seconda interrogai Roy Lamb e Jernigan. Quando si alzò per andare al banco, mi passò accanto: era molto grosso, la faccia un po' asiatica, i capelli gli erano stati tagliati cortissimi e questo gli induriva i lineamenti. Indossava jeans e maglietta. Non era un tipo che ti lasciava indifferente. Parlò lento e con poca proprietà, ma comunque ammise la propria colpevolezza, come aveva già fatto appena catturato. Nella terza udienza, prima del difensore, parlai io, l'accusa, e chiesi la pena di morte.»

Il difensore si chiamava Rusty Duncan, di Denton.

«Sì.»

Era un avvocato d'ufficio, perché la famiglia Jernigan non aveva abbastanza soldi per permettersi un legale.

«Succede piuttosto spesso.»

E si dice che Duncan non fosse esattamente un grande avvocato: era anziano, malato, lesse gli atti due giorni prima del processo...

«Era anziano, sì, credo sia morto...»

Di enfisema polmonare, nel 1987.

«Ma che fosse un avvocato d'ufficio non significa proprio nulla. Se lei ha letto gli atti e si è fatto appena un'idea di come andarono le cose, non credo possa avere dubbi sulla colpevolezza di Jernigan.»

Non sto parlando della colpevolezza, ma della pena. Roy Lamb fu condannato a trent'anni.

«Roy Lamb era un ragazzo incensurato e si stabilì che subiva la personalità aggressiva di Jernigan.»

Fu condannato a trent'anni e dopo undici uscì dal carcere.

«È fuori dal 1992 e a quel che ne so sta rigando dritto.»

Lui aveva un avvocato, la sua famiglia spese 65mila dollari.

«Senta, io li ho conosciuti tutti e due... Jernigan aveva già due condanne, rubava abitualmente, era un tipo parecchio violento. Sa cos'erano i suoi week-end? Un misto di benzina, birra e cocaina. Più le irruzioni nelle case isolate.»

Nei cinque appelli successivi ci furono almeno tre psicologi che parlarono dei suoi traumi infantili, delle violenze subite dal secondo marito di sua madre, del fatto che in dieci anni di scuola fece solo quattro classi.

«Mi ricordo benissimo. A tutti e cinque gli appelli fui io a oppormi. Uno psicologo sosteneva che gli attacchi di asma, quando Jernigan era molto piccolo, avevano determinato un minore afflusso di sangue e ossigeno al cervello...»

Fu ricoverato parecchie volte, fra i tre e i sei anni.

«Lo so, ho letto tutte le documentazioni.»

Lesse anche che viveva terrorizzato dal patrigno?

«Sì.»

E che bagnava il letto fino a quattordici anni? E che cominciò a usare droghe a quindici?

«Testimoniò il fratello maggiore. Ma tutti quegli elementi non erano sufficienti a giustificare quello che aveva commesso.»

Jernigan non chiedeva giustificazioni, chiedeva solo di non essere ammazzato. In una memoria del 1986 ha scritto: «Nessuno, da quando sono nato, mi ha mai indicato la strada da seguire. Nessuno mi ha insegnato cos'è il bene e il male. Sono sempre stato solo».

Pat Batchelor emette una specie di sospiro. Dà un'occhiata alla dinamite con le lancette. Si appoggia sui gomiti, incrocia tutte e dieci le dita.

«*Purtroppo*» dice, «lo Stato del Texas non prevede l'ergastolo. Non prevede alcuna pena che non comprenda anche la libertà vigilata. Se lo avessimo condannato a quaranta o anche a cinquant'anni, prima o poi sarebbe uscito.»

Magari riabilitato, dico.

«Non credo che un tipo così... Gliel'ho detto, ci sono criminali che restano una minaccia permanente per la società. E comunque la legge non consente...»

La legge e la giustizia spesso non sono la stessa cosa.

«La legge è umana.»

Ci sono dodici Stati, qui in America, che non hanno la pena di morte.

«Sfortunatamente Jernigan *viveva* in Texas, la sua vittima era un cittadino del Texas, e io sono un giudice del Texas.»

C'è meno orgoglio di quanto mi aspettassi nelle sue parole. Le recita con la stessa impassibilità di quanti, ai bordi di una guerra, o di un regime, o rifacendo i conti con il proprio passato, spiegano non di sé, ma del contesto, e perciò parlano di Legge, Obbedienza, Obblighi, come se la macchina del contesto non fosse la somma di tutti i singoli, o della *maggioranza* dei singoli.

Perciò anche Pat Batchelor ha le sue ragioni, salvo rivelarne, all'improvviso, una sua, singola, piccola piccola: «Fondamentalmente» dice, «io sono contrario alla pena di morte...»

Lei è?

Lui sbatte gli occhi, stavolta si alza («Le faccio vedere l'aula» borbotta) e dalla giacca aperta, per la prima volta, vedo sul fianco sinistro, agganciata alla cintura, la fondina di una pistola. «Sì, sono contrario...»

L'aula per i processi della Municipal Court di Corsicana è al piano terra. Pat Batchelor tira fuori una chiave, apre la doppia porta, accende la luce e mi fa strada. Entriamo in uno stanzone foderato di legno di acero rosso (compreso il soffitto) e di moquette verde smeraldo. Ci sono sedici lunghe panche per il pubblico, a semicerchio. Poi due grossi tavoli, la Difesa e l'Accusa, quindi uno spazio vuoto e infine la parte occupata dalla Legge: l'alto scranno del presidente ai cui lati stanno le due bandiere, quella degli Stati Uniti d'America a destra e quella dello Stato del Texas a sinistra.

C'è il tavolo degli stenografi quasi al centro. Sotto la bandiera texana, il banco degli interrogatori, e a un paio di metri l'emiciclo della giuria popolare con dodici posti. Pat Batchelor, per forza dell'abitudine, ha raggiunto il tavolo dell'Accusa, mi aspetta, e da lì mi indica l'altro tavolo corredato di tre sedie: «Jernigan stava seduto lì».

Gli chiedo: è vero che l'avvocato Duncan vide per la prima volta Jernigan la mattina del processo?

«E vero» risponde Batchelor.

E che l'assistente di Duncan era una giovane donna al suo primo processo per omicidio?

«Sì, credo di sì.» Si è messo a camminare su e giù tra la Corte e la giuria, i suoi passi non fanno rumore: «Ammettiamo pure» dice, «che Jernigan sia partito svantaggiato, ma poi ha avuto cinque appelli, cinque possibilità di combattere la sua battaglia. E ha sempre perso. La Legge gli ha offerto tutte le carte e ha aspettato dodici anni. Lei sa quanto costa mediamente alla Giustizia un condannato a morte, tra detenzione, appelli, revisioni?».

Calcolano da 1 a 2 milioni di dollari.

«Soldi dei cittadini americani, della società americana.»

E le sembra sensato? gli chiedo.

«Se vuole la mia opinione personale, no. Ma le opinioni non fanno la Legge.» Si ferma, gambe appena divaricate. Dice: «L'America manca di coraggio: se davvero vogliamo la pena di morte, applichiamola in fretta. Basterebbero tre appelli, tre rapide revisioni, almeno nei casi come Jernigan in cui è tutto chiaro. Oppure si decida che la pena di morte non serve, non è un deterrente, e si introduca l'ergastolo senza possibilità di uscire. Ma il fatto è che l'America *ha paura*, che noi tutti viviamo nella paura e consideriamo la morte dei criminali un risarcimento alla nostra paura».

È per questo, gli chiedo, che porta la pistola?

Batchelor fa la faccia sorpresa, come se la cosa non avesse alcuna relazione con quanto stava dicendo: «La pistola? Per noi avere le armi è un diritto. Amiamo le armi». La estrae e me la mostra tenendola sul palmo aperto: «È una Beretta 9 millimetri, automatica». Dice: «Io la uso come attività sportiva. Lo stesso fanno mia moglie e i miei due figli. Lo trova strano? Per noi non lo è affatto: tutti crescono con le armi, specie qui nello Stato del Texas». Ecco quello che aggiunge: «La gente è convinta che non vivrebbe in una democrazia se non avesse il diritto di armarsi. Lo hanno fatto i nostri padri e i padri dei nostri padri».

E sta lì, con l'automatica sdraiata sul palmo della mano.

Dunque le armi, 200 milioni, se non ricordo male, in un Paese che ha un numero appena superiore di popolazione. E questa Beretta cromata al centro di un'aula di tribunale. Impugnata da un giudice bianco, che ha chiesto e ottenuto condanne a morte, ma che è contrario alla pena di morte. Che si batte contro la violenza, ma confessa di avere paura. Che sparerebbe per legittima difesa, ma dice che no, tenere armi non vuol dire accrescere le probabilità di sparare.

Mi vengono in mente Malcolm X («La violenza è americana come il chewing-gum») e Martin Luther King («La violenza non prevarrà»), i loro denti bianchi e il loro funerale nero. Il pannello luminoso di Times Square a New York con la conta in tempo reale dei morti ammazzati per armi da fuoco, 24mila l'anno scorso. E i sermoni di tutti i presidenti che *prima o poi* hanno spedito marines e bombardieri nel resto del mondo, ma sempre parlando di libertà e diritti umani dal punto più alto di un Paese che poggia le sue radici su un genocidio, il suo sviluppo economico sullo schiavismo, il suo assetto politico su una guerra civile. Ma rimane pur sempre uno dei Paesi più liberi del mondo.

Libero, ma perennemente allarmato, fra le urne marmoree di Las Vegas e Los Angeles, una qualunque notte. Oppure nella canicola dei grandi agglomerati texani che si materializzano improvvisi come detonazioni nel silenzio.

Mi viene in mente la paranoia quotidiana di Fox Television con il suo palinsesto allagato di omicidi e cacce all'uomo, conflitti a fuoco, passanti feriti, ragazzi in coma, allarmi bomba, e poliziotti in permanente adrenalina da arresto, inseguimento, sparatoria, vere star di una televisione che trasforma in spettacolo l'allarme sociale, moltiplicandolo in milioni di case isolate nella grande America vuota. Donne e uomini soli che ogni notte si affacciano alla finestra del proprio backyard a controllare le ombre, e stanno lì, armati, *in ascolto*.

Come Paul davanti a questa casa – qui a Dawson, milioni di istanti fa – mentre si preparava senza saperlo a diventare una nuvola nell'ampio cielo dei terminali.

Il suo corpo era ancora solidità in agguato, assorbiva rumori, vibrazioni, segnali. C'era *qualcosa* nella luce. Paul immaginò i cinque passi per arrivare alla finestra.

Si mosse. E al quinto inspirò: nulla, non succederà proprio nulla, *caazzo*. Vide il divano, il tappeto, il portacenere: nessuno in circolazione.

Andò alla porta d'entrata. Bussò, attese. Silenzio.

Fece il giro della casa: il box deserto, la porta di servizio chiusa. Tornò alla finestra.

Ecco come si sentiva: padrone della penombra e re dei vetri, predatore di intimità nascoste dietro alla maniglia di un frigorifero o di un armadio. Il cuore gli pulsava, la metadrina gli asciugava gli occhi.

Faceva caldo. L'azione si era appena messa in moto, anche se adesso, dopo l'ultimo vetro spezzato, gli alberi e l'aria sono tornati immobili.

Dentro al braccio della morte di Ellis One, parlatorio numero 11

Ellis One, parlatoio del braccio della morte: «Qui dentro è la morte che ci respira, se fai attenzione la senti».

L'acciaio del doppio reticolato di Ellis One intrappola la luce. Centinaia di metri di filo spinato alto dodici metri, sono il confine di un sole scintillante e ghiacciato che rende satellite il mondo libero ridotto a un immenso parcheggio vuoto.

Dalla torre centrale – venti metri d'altezza – che sovrasta l'unica entrata del carcere, si affaccia una grossa donna nera in divisa blu con fucile, cinturone e pistola. Massima tecnologia tutto intorno, telecamere, elettrificazione, sensori fotoelettrici e poi questa donna, che dalla torretta fa scendere un grosso secchio di plastica bianca attaccato a una corda. «*Put your ID inside!*» mi grida, ficca i documenti qui dentro. E tira su il secchio, come se fosse affacciata da una finestra mediorientale.

Si apre la prima porta. Entro e la porta si richiude. Sono tra i due reticolati. Dieci passi, trenta secondi e si apre la seconda porta elettrica. Settantacinque metri di cemento, fino al nuovo cancello; un suono duro e breve di sirena fa scattare la serratura.

Mi aspettano due guardiani: «Da questa parte». Corridoio

in penombra, stanza delle perquisizioni, consegnare monete, accendino, portafoglio, carte, biglietti, occhiali da sole. Controllati il taccuino e la penna. «Ok.»

Altro corridoio. La luce è diventata bianca. Passato l'ultimo cancello, la sala colloqui: una grata d'acciaio circolare suddivisa in tante piccole gabbie interne. Da questa parte una panca in corrispondenza di ogni gabbia. «Aspetti qui.»

«Sei venuto a vedere come si vive con una siringa nella testa? Eccoci qua.» Tre paia d'occhi arrossati mi fissano al di là del vetro. Stanno dentro a facce perfettamente rasate. Non si muovono.

I tre condannati a morte si sono seduti dentro la gabbia 11, gabbia da canile, larga un metro e mezzo, alta due, che il guardiano ha aperto loro e poi richiuso alle spalle. È una scatola sigillata da quattro grate d'acciaio a maglie fitte. La quinta, quella che ci divide, si interrompe all'altezza della loro fronte. La grata diventa vetro blindato per trenta centimetri, segue un'altra spanna di grata e poi legno sino a terra. La loro voce passa attraverso la grata.

La striscia di vetro è una specie di feritoia. Loro mi fissano da lì. Non riesco a vedere su cosa si siano seduti, ma immagino stiano su una panca come me. Solo molto più stretti. La settimana prima ho visto le loro foto e letto le loro storie nell'ufficio di David Nunnelee: le ha pescate dentro al suo famoso schedario di morti.

Il primo è Carl Edward Napier, cinquantun anni, condannato nel 1987 per avere sterminato un'intera famiglia: Andrew, Martha e Jack Carlin. Era andato a trovarli la notte del 20 febbraio 1986, armato di pistola e coltello, nella loro casa galleggiante sul San Jacinto River, ad Harris, Texas. Li ha sorpresi nel sonno: ha tagliato la gola al marito, poi ha sparato alla moglie e al figlio che si erano svegliati. Gli ha preso il televisore, il videoregistratore, la macchina da cucire, una pistola, un giubbotto di pelle, 5000 dollari in contanti. E un anello. L'anello con un grosso diamante stava incastrato nell'anulare sinistro di Andrew e non voleva saperne di uscire. Così Napier, per prendersi l'anello, si è preso anche il dito. Al processo i giornali lo hanno ribattezzato «The Butcher», il macellaio.

Il secondo è Randall Wayne Hafdhal, quarantatré anni, condannato nel 1986 per avere ucciso James Mitchell, ufficiale di polizia di Amarillo, Texas. Hafdhal guidava con un amico nei sobborghi della città. Era strafatto. A un incrocio andò a sbattere contro una macchina posteggiata. Il proprietario dell'auto era il vicino di casa del poliziotto che vide la scena dal suo giardino. Il poliziotto era in borghese, aveva calzoncini, camicia a scacchi, berretto da baseball rovesciato. Uscì dal cancelletto e si avvicinò per dire: «Ehi straniero, si può sapere che diavolo combini?». Lo disse con una pistola in mano.

Hafdhal, secondo il testimone che lo avrebbe inchiodato al processo, scese dall'auto e fu più svelto a far tuonare la sua di pistola: gridò qualcosa, poi sparò due volte atterrando l'uomo col berretto rovesciato, gli andò accanto e il terzo colpo lo fece partire dopo avergli appoggiato la canna alla faccia. Venne catturato il giorno dopo in New Mexico. Aveva i capelli lunghi fino alle spalle, la barba, i baffi, vestiva giubbe con le borchie e jeans strappati, era senza fissa dimora. I giornali al processo lo ribattezzarono «The Bum Killer», l'assassino vagabondo.

Il terzo è James L. Beathard, trentotto anni, condannato nel 1985 per avere legato e ucciso, con del fil di ferro, la famiglia Hathorn nella contea di Trinity: Gene, Linda e il loro figlio Marcus di quattordici anni. Lui fu il braccio della strage, ma non la mente. Era stato ingaggiato dall'altro figlio, Gene Hathorn Junior, vent'anni (anche lui condannato a morte) per far fuori tutta la famiglia e incassare l'eredità (85mila dollari, la casa di città, un villino sul lago, due automobili, 5000 azioni della Texaco). La polizia li incastrò dopo tre giorni. Né l'uno né l'altro volevano confessare, fino a che la polizia mostrò al figlio l'ultimo testamento del padre. Tre settimane prima di essere garrotato, il vecchio lo aveva cancellato dall'eredità. «Brutto bastardo» aveva ringhiato Gene Hathorn Junior seduto e ammanettato nella sala degli interrogatori. «Quel figlio di puttana mi ha fregato.» Poi scoppiò a ridere: «Lui ha cancellato me... Io ho cancellato lui». E a cancellare James L. Beathard, incensurato, ci pensò la giuria. I giornali scrissero: «Condannato a morte lo strangolatore di Trinity».

Napier, il macellaio, si agita sulla sedia. È il più grosso dei tre. Ha la testa calva, gli occhi marroni, due larghe orecchie, la bocca sottile piegata all'ingiù. Tiene la tuta bianca slacciata sino a metà petto. Ha la pelle bianchissima, coperta di peli completamente grigi. «Vuoi sapere dell'anello? Hanno scritto un sacco di stronzate su di me. Il tizio era già morto perciò la crudeltà non c'entra, e aveva un diamante.» Deglutisce.

Hafdhal, il vagabondo, ha i capelli neri cortissimi, gli occhi blu. Quando parla di Jernigan lo chiama «Pj», Pigey, e qualunque cosa dica, più o meno ogni dieci parole, ci aggiunge «*fucking-mother*», che letteralmente è «fottimadre», e lui lo usa come aggettivo, oppure come sostantivo, come una virgola, o un punto esclamativo. Può pronunciarlo con disprezzo («*He was a fucking-mother cop*», era un fottuto poliziotto) oppure con ammirazione («*Pj was a fucking-mother man*», Pj era un figlio di puttana in gamba).

Beathard, lo strangolatore, ha la faccia da ragazzo. È quello che sorride di più: «Quando io e Paul giocavamo a domino, non bastava mai il tavolo. Era bravo. Dico sul serio: un bravo ragazzo. È rimasto fregato dai soldi, non aveva abbastanza soldi per pagarsi un avvocato; il suo complice, Roy Lamb, i soldi li aveva, e ha salvato la pelle, è libero...».

Hafdhal: «Cazzo io faccio un ragionamento. Pj e il fottuto Roy Lamb hanno fatto il lavoro insieme. I casi sono due: o Lamb era colpevole quanto Pj, oppure, cazzo, Pj era innocente quanto Lamb. Questi fottuti bastardi hanno siringato Pj e sgabbiato Lamb, cosa te ne pare? Quï siamo in Texas, lo conosci il Texas? È una specie di America, ma con più fottimadre, terra di bastardi cowboy. Io non ho niente contro quel cazzo di Lamb: ha avuto la fortuna di uscire, e cazzo sarei uscito anch'io, non lo biasimo, solo che la giuria ha sbagliato. Tutto qui, cazzo. Ma i texani bastardi, prima di ammettere un errore, uhuuu prima ti ammazzano, poi vanno a mangiarsi una delle loro fottute bisteccone e prima di ruttare, magari ci ripensano, ma tu intanto sei già stecchito. Non c'è scampo, se sei condannato, non c'è più niente da fare. Puoi spaccarti la testa contro uno di questi fottuti muri, ma al massimo gli fai il favore di crepare in anticipo».

Tre paia d'occhi arrossati mi guardano al di là del vetro. Da quando ti siedi davanti a loro, ti accorgi che sono occhi vischiosi, febbricitanti, ma vivi. E spuntano da uomini vivi. Mai come adesso, di fronte a uomini che hanno già scritta la data e l'ora della morte, ti accorgi di quanto può essere vivo un corpo: i muscoli, i polsi, le dita, le vene del collo, la mobilità delle labbra, le rughe, l'elasticità della pelle.

Ti accorgi che il braccio della morte – uno spazio molto grande suddiviso in spazi molto piccoli – è il braccio della vita: singoli uomini tenuti vivi, senza mai notte, senza mai giorno, che ingrassano o dimagriscono, attraversando gli anni, guidati dai loro occhi. Ecco perché Kathy Walt ha smesso di guardarli, ma se ne ricorda.

Questi occhi vedono cose che noi non immaginiamo, vengono da viaggi molto lontani, crepacci e abissi aperti dalla potenza dei ricordi e dalla velocità delle premonizioni: l'immagine di quando è stata data la morte, la prefigurazione di quando saranno uccisi. E alla doppia faccia della morte sopravvivono sopportandone la luce che è solida e aderente come polvere.

Hafdhal e Beathard muovono con lentezza le palpebre e perciò gli occhi risultano chiusi per lunghi intervalli. Napier li tiene spalancati: «Ho letto questa cosa che l'hanno tagliato...» sta dicendo. «C'era su una rivista la foto di un pezzo di Paul, non so se il ginocchio o la spalla, ma poteva anche essere un prosciutto. Chissà come si sente il mio amico Paul...»

Hafdhal: «Cazzo, ho letto che hanno tagliato anche una donna del Maryland morta di nonsocosa, tagliata anche più sottile di Pj. Sai cosa si sono messi in testa questi figli di puttana di scienziati? Un giorno o l'altro faranno a fette pure uno stramaledetto cane. Poi faranno a fette un giardino, una casetta e un tacchino così saranno al gran completo: *American Way of Fucking-Mother Death*. Uh, uh! E voi giornalisti del cazzo ci verserete l'inchiostro a ogni loro anniversario...»

Dentro il braccio della morte – isolato dal resto di Ellis One – gli uomini indossano solo due vestiti: i 394 detenuti la tuta bianca, i 278 guardiani la divisa nocciola. La tuta è di cotone grezzo, chiusa da una cerniera centrale. Non ci sono tasche, né niente, tranne la fibbia nera, all'altezza del cuore, con il numero di identificazione che è differente dal resto della popolazione carceraria: tre cifre precedute dalla sigla «D.R.», Death Row.

I 394 condannati a morte non hanno alcun contatto con gli altri 1800 detenuti di Ellis One: non sono visti, né possono vedere, non sono sentiti, né possono sentire. Nessuno dei loro muri confina con il resto del carcere, pur essendo al centro del carcere. Sono circondati dal vuoto. E poi da altri muri.

Sono circondati dai divieti – 86 pagine di regolamento: *Inmate Orientation Handbook* – e poi da altri divieti. «Prendi il fumo» mi dice Napier. «Sai perché non possiamo fumare? Perché l'Amministrazione deve insegnarti che anche l'aria che respiri, è roba sotto la sua giurisdizione. Che anche se stai sotto il sole, dentro i catini di cemento dei nostri cortili, anche quell'aria è roba sua. E tu non sei libero, nossignore, non sei mai libero, almeno fino a che respiri.»

Quando escono dalla cella, devono indossare una cintura di cuoio marrone, lenta sui fianchi, al centro della quale sono fissate due catene lunghe una spanna con due grossi anelli d'acciaio per i polsi. Oltrepassata la porta devono voltarsi, faccia e mani al muro, mentre il guardiano da dietro gli aggancia la cintura sulla schiena, con una chiusura a scatto. Dopo il *clic* il detenuto deve infilare il polso destro e chiudersi l'anello. Poi quello sinistro. Infine voltarsi, rimanendo immobile. Il guardiano controlla, poi dice: «Andiamo».

Questo succede almeno una volta al giorno, nell'unica ora d'aria concessa dal regolamento. Davanti a loro i detenuti hanno un corridoio, sei cancelli elettrici, la stanza delle perquisizioni, il cortile. Il cortile è una gabbia di venti metri quadrati.

L'ora d'aria è volontaria.

Le altre ventitré ore le passano dentro la cella singola, due metri per tre, che contiene un letto di acciaio fissato al pavimento e al muro. Un lavandino d'acciaio fissato al pavimento e al muro. Un water d'acciaio fissato al pavimento e al muro. Un televisore. Una luce al neon incassata nel soffitto e accesa *sempre*.

La maggior parte dei condannati a morte sconta l'attesa dell'iniezione letale in *segregation level*, isolamento perpetuo. Solo una piccola parte è ammessa al lavoro. Il lavoro, quattro ore al giorno, si svolge in un laboratorio interno al braccio della morte, e consiste nel fabbricare tute bianche per i detenuti e divise nocciola per i guardiani.

Hanno diritto a una doccia alla settimana e a tre pasti al giorno.

La sveglia è alle 3.30 del mattino.

La prima colazione alle 3.45.

Alle 6.15 l'aria.

Dalle 7 alle 9 possono incontrarsi nella «gabbia per la socialità» e giocare a domino o a dama.

Il pranzo è alle 10.

La cena alle 16.

Alle 16.30 la giornata è chiusa: se i condannati possedessero un calendario, potrebbero già strappare il foglio del giorno di sabbia scappato via.

Il regolamento prevede limitazioni e censura per la corrispondenza. Una sola visita al mese. Una sola telefonata ogni sei mesi. In cella, tranne fogli e penna, i condannati non possono avere effetti personali, né foto, né libri, tranne quello in lettura che va restituito ai guardiani prima di poter richiedere il successivo.

Napier: «L'ultima volta io e Paul ci siamo abbracciati, sai come funziona qui, no? Il pomeriggio prima dell'esecuzione i bastardi ti portano nell'altra prigione, quella in città, la Wall Unit, dove al piano terra c'è la cella per l'attesa e lì accanto la stanza dove ti fanno fuori, la numero 17. Perciò da qui te ne vai sei ore prima di crepare.

«Gli hanno fatto fare la doccia, gli hanno dato una tuta pulita e alle sei del pomeriggio lo hanno portato via. Le guardie che lo accompagnavano dicevano: "Attenzione, passa l'uomo morto". Io non l'ho visto andare via, nossignore, ma l'ho sentito... Cazzo te lo giuro, noi viviamo nel silenzio totale, circondati dalla cella, non vediamo altro che la cella, per il resto siamo come dei ciechi e perciò diventiamo delle specie di sensitivi, conosco il rumore di ogni singolo cancello, so che quando ne scatta uno sono le tre del mattino e quando ne scatta un altro sono le quattro del pomeriggio, capisci? Riconosco le guardie dai passi, sento le catene e so dirti se sta passando un nero o un bianco, oppure il mio amico indiano, che è anche zoppo...

«Io e Paul ci siamo salutati di mattina, alla sua ultima ora d'aria. E sai cosa ti dico? Che era vivo. Talmente vivo che non vedeva l'ora di piantarla. Avrebbe potuto fare ancora un appello, ma ha chiamato il suo avvocato e gli ha detto: "Basta, finiamola"».

Napier si ferma, si succhia le guance. «Cosa penso io della morte? Io vivo dentro la morte. Ecco: se penso alla morte, penso che vorrei morire senza nemici, tutto qui. In quanto alla paura, Cristo, non lo so, un giorno o l'altro mi chiameranno e dovrò affrontarla.»

Racconta Beathard: «Qui tutti la pensiamo così: che non sappiamo niente e aspettiamo. C'è chi legge la Bibbia e chi legge i fumetti. Ogni tanto a uno di noi saltano i nervi, e magari prova a farsi fuori. È successo che qualche compagno si sia fracassato la testa contro il muro della cella, sai come succede, in quel preciso momento ti gira storta e allora vai contro il muro, solo che per ucciderti fai un bel po' di rumore e le guardie ti entrano in cella, ti immobilizzano, poi in infermeria ti ricuciono e ti riempiono di Valium, alla fine ti ritrovi al punto di prima, vivo in attesa di morire, ma con un gran mal di testa».

Il loro dovere principale è rimanere vivi. Lo scorso 2 aprile il condannato David Lee Herman ha tentato il suicidio alla vigilia dell'esecuzione. Nella cella dell'attesa si è tagliato la gola e le vene dei polsi con un piccolo rasoio usa e getta. Le guardie lo hanno trovato inzuppato di sangue. Il medico ci ha messo meno di mezz'ora a ricucirlo. Poi hanno chiamato la madre e uno psichiatra per non lasciarlo solo l'ultima notte. All'ora stabilita lo hanno portato nella camera della morte per l'esecuzione. Aveva bende e cerotti sui polsi, più una fasciatura al collo. I medici avevano calcolato che aveva perso almeno mezzo litro di sangue, ma quello che gli era rimasto dentro era più che sufficiente a trasportare il veleno. Prima di morire ha detto: «Mi spiace che siamo qui, ma se la mia morte vi dà pace e soddisfazione, allora vale la pena».

«Paul stava qui dentro da dodici anni» sta dicendo Beathard. «Era diventato un tipo tranquillo. Sapeva la differenza che c'è tra un uomo e un altro uomo, e se avessi avuto una figlia gliela avrei affidata. Non è una cosa che farei con molti qui dentro e meno che mai lì fuori, da voi.»

Hafdhal: «Con lui potevi parlare di cose un po' più complesse di una scopata e soprattutto non ti spaccava il cervello con appelli, avvocati, leggi ed errori giudiziari del cazzo. Sai come sono i detenuti, no? Tutti fottuti innocenti, tutti vittime di qualcosa e di qualcuno. No. Paul ti diceva che quel vecchio lui l'aveva fatto fuori davvero, cazzo, e che per questo era giusto pagare... Ma era anche convinto, almeno all'inizio, che la giustizia degli uomini avrebbe dovuto essere un po' più dignitosa di una vendetta».

Napier: «Poi ha smesso di farsi illusioni. E ha cominciato a fare ginnastica. Cristo santo: sei ore al giorno, quattrocento flessioni, mille addominali. Era arrivato a farli *tre volte al giorno*.

«Si era messo anche lui a leggere la Bibbia e in quanto a Dio, Paul era convinto che avendo scontato l'inferno qui in Terra, avrebbe avuto diritto a qualcosa di meglio dopo l'iniezione, persino a un pezzetto di paradiso. E comunque non considerava più la morte nemica. Così al suo avvocato ha detto: "Lascia che mi uccidano, sono stanco". E lo Stato, naturalmente, non vedeva l'ora».

Lo Stato, qui a Ellis One, ha un berretto color nocciola e baffi biondi e un tic alle gote, che vibrano impercettibilmente come quelle di uno scoiattolo. Lo Stato qui si chiama capitano Billy West, ha cinquantotto anni, l'anima a forma di sedia e lo sguardo abituato a scovare noccioline negli occhi di chi gli sta di fronte. «Mmmh, non rispondo a domande che non posso farmi. Capisce?» dice con una voce lenta e metallica. «Applichiamo la pena di morte e il mio compito non è chiedermi se la pena di morte sia giusta o sbagliata.»

Respira: «Il mio compito è garantire la sicurezza delle guardie, dei detenuti e l'agibilità della struttura che viene pagata con le tasse dei cittadini. Il mio compito è garantire che ogni detenuto abbia tre pasti al giorno, cure mediche, doccia, vestiti puliti e un livello di vita conforme ai regolamenti».

Prende un elastico giallo, ci gira attorno una mano, poi l'altra: «Il mio compito è difendere la società custodendo nel migliore dei modi un numero cospicuo di criminali, per lo più assassini recidivi, che hanno subìto un regolare processo e sono stati giudicati rispettando le procedure, la legge, i loro diritti. Qui dentro ogni detenuto combatte la propria battaglia, chiede appelli, revisioni, grazia. Noi garantiamo tutto questo. E se alla fine il verdetto viene confermato, noi ci incarichiamo di dare la morte nel modo più indolore possibile. A tutela dei cittadini che vivono rispettando le leggi».

Quindi: «Quindi io *non posso* chiedermi proprio nulla sulla pena di morte, fa parte della legge, così come io faccio parte della legge. In un certo senso siamo due cose separate e unite». Indica l'elastico, ma dice: «Come le mani». Respira: «Noi siamo la legge».

Tutto qui.

Il capitano West ha una moglie e due figli, il più grande frequenta l'Università di Austin. Ha due automobili, una canoa, un cane. Il campanello di casa – la casa è su una collinetta coperta di giardini con la quercia al centro – fa *din don dan*. Ogni sera il signor West torna nella sua villetta e a parte un telefono rosso collegato direttamente con il comando del carcere, non c'è nulla negli arredi, compresi i due fucili mitragliatori e le sedici pistole nella vetrina del salotto, che rammenti la specialità del suo lavoro: governare le ore di 394 morti viventi.

«Cazzo, morti viventi, stai parlando con dei morti viventi» sta dicendo Hafdhal, quando comincia a grattarsi un orecchio nei venti centimetri di vetro che lo inquadrano. «Morti viventi, esseri umani da terminare, giusto? Ce ne stiamo qui seduti tutti e tre a raccontarti i fatti nostri...»

Hafdhal sta andando su di giri. Si gratta e si gratta l'orecchio. «Pj era mio amico, lo hanno ammazzato, e lui invece di mandarli a farsi fottere, luridi bastardi, si è fatto congelare e tagliare. Gesù, così anziché riposare nella terra, da tre anni se ne sta in giro per i computer e un giorno mi arrivi tu, che vieni dall'altra parte del mondo a chiedermi notizie di Pj...

«E il tizio di cui stiamo parlando, il mio amico Pj per dodici anni è stato visto solo dai miei occhi, è morto da tre anni, ma tu ne parli come se fosse vivo, mi dici che lo hai visto... Lo hai visto, giusto? Anche se non si è mai mosso da qui e nessuno si è mai occupato di lui, da vivo.»

Si gratta schifato: «Cazzo, vi occupate di noi quando siamo morti o stiamo per essere ammazzati, quando siamo *dead man walking*, spiegami questa, fratello, se io vengo punito e ucciso perché ho ucciso, chi cazzo punisce lo Stato che mi uccide? Eccoti una bella domanda. Hai una risposta? Pfffh, non ci sono fottute risposte».

Avvicina la faccia al vetro. Grosse rughe gli pulsano intorno agli occhi arrossati: «Ti dico questo: io ho ucciso, ma per farlo ci ho impiegato un secondo, il tempo di accendere un fiammifero, *tac*, di premere il grilletto... Ma questi figli di puttana, ci stanno impiegando dieci anni, e non è ancora finita».

Si tira su, rallenta il respiro, abbassa il tono della voce: «Dimmi che cazzo ne sai di Pj? Voi non ne sapete niente di Pj, né di me, né di Ed, né di nessuno... Perché qui non ci sono ricordi, nessun ricordo che possa essere raccontato. Cazzo, non avete abbastanza orecchie per ascoltare e parlate un'altra lingua».

Torna vicino al vetro: «Non saprai mai chi è stato e cosa ha provato Pj, non saprai niente di Pj... Voi non sapete niente di niente. Niente di quello che accade qui dentro» indica il soffitto della gabbia. «E qua dentro» col pollice si tocca il petto. «Niente...» Soffia, ricomincia a grattarsi. «Magari vi rode, ma il vostro niente resta niente. Il mio colloquio è finito. Guardia!»

James Beathard gli mette una mano sull'avambraccio, è un gesto lento, il primo di questo quarantenne con la faccia da ragazzo che tanto tempo fa ha ammazzato tre persone con il fil di ferro, ma non è un gesto di affetto, è un gesto e basta. Hafdhal lo ignora, si alza. Il vetro gli inquadra il petto, i fianchi: un grosso pesce bianco in risalita.

«Non farci caso» dice James che sorride come per scusarsi. «Hafdhal è su di giri. Dovrebbe morire il prossimo aprile, *capisci?*»

Esco. Quando riattraverso il bosco sulla sterrata che mi riporta alla statale, incrocio una fila di detenuti. Hanno le catene. Sono i recidivi del primo girone di Ellis One, gente che sconta anni, ma che prima o poi tornerà da questa parte dei muri.

Sono per lo più neri. Per lo più giovani. Le guardie li affiancano a cavallo. Girano verso il fitto degli alberi, fino a che il bosco li assorbe. *Lentamente.*

Quando Napier e Beathard, alle 15 in punto, si sono alzati per andarsene («Dicci buona fortuna, ragazzo») la porta della gabbia che si è chiusa alle loro spalle li ha cancellati. *Di colpo.*

Perché ogni istante che passa lì dentro brucia e scompare. Prima c'erano («Dicci buona fortuna, ragazzo») e adesso non ci sono più.

Il processo, la confessione, 6 minuti per la condanna

Municipal Court di Corsicana, Texas, 25 novembre 1981.

Il cancelliere anziano si alza in piedi: «È chiamato a rispondere l'imputato Joseph Paul Jernigan».

Brusio. Nell'aula ci sono un centinaio di persone circondate dal verde smeraldo della moquette e dal legno delle pareti.

Paul ha una maglietta blu a maniche corte, jeans, scarpe da tennis bianche. Quando è entrato in aula alle 8.30, aveva le mani ammanettate dietro la schiena. Annabelle, sua madre, è seduta in prima fila, con un fazzoletto bianco premuto sulle labbra e sul mento.

Da tre mesi e mezzo Paul sta nella cella del Police Department di Corsicana. Ha confessato quindici ore dopo l'arresto. E solo ieri, alla prima udienza del processo, ha rivisto il suo amico Roy Lamb, anche lui ammanettato. Gli ha detto: «Come va, *Roooy*?» e immediatamente uno degli uomini in divisa, quello con le chiavi delle sue manette, gli ha detto: «Zitto. Voi due non potete parlarvi», e lo ha leggermente spinto più in là. L'uomo in divisa ha i baffi, il fisico da lottatore. Ieri mattina, accompagnandolo in aula, gli ha detto: «Andiamo, che fai tardi all'*iniezione*». Paul ha imparato a chiamarlo «signore».

«Lei conferma la dichiarazione spontanea firmata alle 11.15 postmeridiane del 13 luglio 1981, resa allo sceriffo Bobby Ross?»

«La confermo.» La sua voce esce attutita dall'emozione.

«Prego?»

«La confermo.»

«La pregherei di parlare a voce più alta. Signor procuratore, può procedere con l'interrogatorio, se crede.»

Patrick C. Batchelor è già in piedi. Aggira il suo tavolo, si avvicina ai dodici giurati. «Quest'uomo ha ucciso e ha confessato il suo delitto. Non per pentimento, ma perché i nostri investigatori, e lo sceriffo Ross in particolare, hanno trovato le prove della sua colpevolezza. Non poteva farne a meno, *perciò* ha confessato, tenetelo a mente.»

Batchelor si bilancia sui piedi divaricati. Anche lui è emozionato, ma l'attacco del suo preambolo lo ha soddisfatto, tutti e dodici i giurati lo stanno guardando: «L'imputato che voi dovrete giudicare ha compiuto un crimine orrendo. Intenzionalmente. Sapendo con precisione quello che stava facendo. Ha ucciso – tenete a mente anche questo – per coprire un altro delitto, il furto, perché quest'uomo è entrato nella casa della vittima, violando ogni sua proprietà. Avrebbe potuto essere la casa di ognuno di voi, o dei vostri cari. Pensateci quando lo giudicherete. Chiedo brevemente la vostra attenzione per dirvi...»

Batchelor adesso parla deciso, con la punteggiatura dei silenzi, per lasciare il tempo alle parole di scavarsi la loro tana nella sabbia di ogni cuore. Sta fermo davanti all'emiciclo dei dodici giurati che lo fissano con una specie di allarme deferente negli occhi. Parla per una decina di minuti. Solo alla fine, con lentezza plateale, si volta verso Paul, aggiungendo due tacche al volume delle sue parole: «Ma sebbene tutto sia già chiaro, io chiederò all'imputato di raccontare, in quest'aula, davanti a voi, al Tribunale e ai nostri concittadini, le fasi salienti della sua volontaria azione omicida».

Pausa: «Ha sentito, signor Jernigan?»

Paul è come colto di sorpresa, si aggiusta sulla sedia. È impacciato. Dice: «Va bene», senza guardare il procuratore, né la giuria, ma punti imprecisati del verde smeraldo. Ancora silenzio. Chiede: «Devo parlare adesso?» e questa volta alza gli occhi verso *sua madre*.

«Lei risponderà alle mie domande, signor Jernigan. Ci racconterà cosa è accaduto venerdì 3 luglio.»

«Dall'inizio?»

«Fondamentalmente, le cose essenziali, sì.»

Lui prende un po' d'aria, cerca le parole, tossisce. L'esordio gli viene così: «È che Roy aveva dormito a casa mia a Waco...»

«Roy è il signor Roy Lamb?»

«Sì, c'eravamo svegliati piuttosto tardi e lui mi chiese di riaccompagnarlo a casa a Corsicana. In effetti me lo aveva chiesto la sera prima, era una cosa stabilita...»

«Vada avanti.»

«Così presi la macchina e ci mettemmo sulla statale 31. Io avevo in mente di fare un colpo...»

«Per "colpo" intende rapina?»

«Intendo: rapinare una casa vuota...»

«Cosa che faceva abitualmente.»

«In quegli ultimi tempi mi era capitato abbastanza spesso.»

«Almeno sei volte, secondo lo sceriffo, per limitarci alle case dei dintorni... Lei disse che lo trovava divertente.»

«Non divertente, facile: colpivo solo case vuote...»

«Non quell'ultima volta, signor Jernigan...»

«Vuote... E non avevo intenzione di uccidere nessuno...»

«Lei è qui perché ha ammazzato il signor Hale! Perché lo ha brutalmente assassinato. Se lo ricorda?»

«Sì, certo, ma...»

«E quindi non ci dica che non voleva ammazzare. Vada avanti.»

«Sì, signore. Quindi guidavo... Poco prima di Dawson, sulla statale c'era questa casa azzurra, isolata, che spuntava dietro a un po' di alberi...»

«L'aveva già individuata?»

«Sì, signore.»

«Quando?»

«Due giorni prima...»

«Vada avanti.»

«Girai l'auto per passarle più vicino: non c'erano macchine posteggiate, così entrai nel vialetto.»

«Era la casa della vittima?»

«Sì. Chiesi a Roy se se la sentiva di farlo. Lui disse: "Va bene". Feci il giro della casa, posteggiai con il muso verso la strada.»

«Caso mai fosse dovuto fuggire?»

«Avevo sempre fatto così.»

«Lei aveva sempre fatto così? Aveva un lavoro signor Jernigan?»

«Sì, signore. Lavoravo alla Red Arrow Freight Line, autista e meccanico.»

«E quanto guadagnava?»

«Quattrocento a settimana.»

«Abbastanza di che vivere, no?»

«Il fatto è che c'era Vicky, mia moglie, le sue due bambine, in più spendevo molto per...»

«Perché faceva uso di droghe, signor Jernigan? È per questo che non le bastavano i soldi?»

«Sì, signore.»

«Ma lei non era stato disintossicato a spese dell'esercito americano?»

«Sì, signore.»

«Però aveva ricominciato.»

«Sì, signore.»

«E le due volte che finì in galera, era stato disintossicato a spese dell'amministrazione carceraria?»

«Sì, signore.»

«Ma lei aveva ricominciato entrambe le volte, giusto? Nonostante le mancassero i soldi, avesse una moglie e due bambine, lei continuava a drogarsi. E per drogarsi rubava.»

«Sì, signore.»

«Cosa usava: eroina, cocaina, marijuana, anfetamina...»

«Un po' di tutto, signore.»

«E naturalmente l'alcol.»

«Bevevo parecchio, sì.»

«Ma quella mattina lei non era ubriaco...»

«Avevo bevuto un paio di birre e fumato un po' di marijuana. In effetti ero un po' stonato.»

«E quando lavorava fumava marijuana e beveva alcolici?»

«Sì, signore.»

«E usava cocaina, anfetamine, eroina?»

«Sì, di solito sì.»

«Ma era ugualmente in grado di lavorare, giusto? Essere "stonato" come dice lei, non le impediva di compiere il suo lavoro...»

«No, signore.»

«Rimaneva lucido. Bene. Quanti soldi ha trovato in casa del signor Hale, oltre allo zucchero e al caffè?»

«Scusi, signore?»

«Lei non rubò anche lo zucchero e il caffè dalla casa della vittima?»

«Sì, signore. Stavano sul tavolo, ma non è che fossi entrato per rubare il caffè e lo zucc...»

«Lei non è entrato per rubare il caffè, ma lo fece, non entrò per uccidere, ma uccise. È questo che ci vuole dire?»

«No, signore.»

«Bene. Le rifaccio la domanda: oltre allo zucchero e al caffè, quanti soldi rubò?»

«Una settantina di dollari, più o meno...»

«Non se lo ricorda? Glielo dico io: 73 dollari.»

«In effetti non trovai molto...»

«Le dispiace?»

«Non intendevo dire...»

«E cosa intendeva, signor Jernigan? Che una vita vale un po' più di 73 dollari, dello zucchero e di mezza libbra di caffè?»

«Io non...»

«Dunque aveva appena posteggiato...»

«No, volevo dire...»

«Lei risponda alla mia domanda: aveva posteggiato e cosa fece?»

«Cosa feci? Scesi e mi guardai attorno...»

«Non si sentiva tranquillo?»

«In effetti sì... Ma c'era qualcosa, non lo so, tutto quel silenzio...»

«Lei non cercava proprio case silenziose, isolate?»

«Già. Bussai alla porta e aspettai.»

«Il signor Roy Lamb dov'era?»

«Stava ancora in auto. Io aspettai un minuto, due, poi girai sul lato e guardai attraverso una delle finestre. Presi un sasso, spaccai il vetro. Chiamai Roy e mi infilai. Poi lo feci entrare dalla porta sul retro.»

«Che ora era?»

«Che ora? Credo le due, le due meno qualcosa.»

«Vada avanti.»

«Andai in camera da letto per procurarmi una federa da

usare come sacco. Trovai degli anelli in camera. Andai in cucina, vidi il forno a microonde, lo staccai e dissi a Roy di metterlo in macchina.»

«È in quel momento che rientrò la vittima?»

«Sì, signore. Roy arrivò di corsa e mi disse: sta venendo qualcuno...»

«Lei cosa fece?»

«Uscii dal retro insieme a Roy. Risalimmo tutti e due in macchina, per scappare.»

«E invece?»

«Mi venne in mente che chiunque fosse arrivato fino alla casa, aveva visto la macchina, la targa. E si sarebbe ricordato il numero. Non volevo tornare in carcere.»

«È questo che ha pensato? Che chiunque avesse visto la sua auto andava eliminato?»

«Sì, signore, cioè no, non esattamente...»

«E allora cosa?»

«Pensai solo di scendere e di fare qualcosa... Non sapevo cosa, ma scesi.»

«Lei scese per uccidere!»

«No! Accadde tutto in fretta.»

«Non troppo in fretta. Lei si prese tutto il tempo che le serviva... Scese e cosa accadde?»

«Rientrai e me lo trovai davanti, il signor Hale, voglio dire. Mi gridò: "Chi sei?! Cosa diavolo stai facendo?!...". Gridava cose così. Mi minacciava...»

«La minacciava?»

«Be'...»

«La minacciava? Vuole dire che lei si spaventò?»

«Lo vidi così all'improvviso... Gridava...»

«Lei quanto è alto signor Jernigan?»

«Quasi un metro e novanta signore.»

«E sa quanto era alto il signor Hale? Glielo dico io: poco

più di un metro e cinquanta. Aveva settantaquattro anni, lei ventisette. E ci vuole far credere che lei si spaventò?»

«Non ho detto che mi spaventai...»

«Un vecchio! Lei si sarebbe spaventato per un vecchio che non le arrivava neppure alla spalla...»

«Infatti, io non...»

«Era armato? Era armato il signor Hale?»

«No, signore.»

«Non era armato. E lei dice che gridava. Certo che gridava, signor Jernigan! Perché era lui a essere spaventato.»

«È possibile, in effetti...»

«È molto più che possibile. Aveva di fronte a sé l'uomo che lo avrebbe ucciso, che era lì per ucciderlo!»

«Io non sapevo cosa fare...»

«Lei lo sapeva benissimo. Voleva uccidere un vecchio terrorizzato, disarmato... E lo fece!»

«Fu questione di pochi secondi, Cristo santo!»

«Moderi il linguaggio...»

«Scusi, signore...»

«Non siamo qui per scusarla, se lo ricordi. Ci dica come, signor Jernigan, ci dica come lo uccise.»

«Lo colpii con un pugno. Lui andò giù. Si muoveva e non la smetteva di gridare. Cercavo di tenerlo fermo... C'era un portacenere a portata di mano. Un portacenere di marmo...»

«È questo portacenere? Lo riconosce?»

«Sì... Lo presi e lo colpii.»

«Chiamò il signor Lamb?»

«Sì, gli dissi di prendermi un coltello, di correre in cucina a prendermi un coltello.»

«E intanto continuava a tenere ferma la vittima e a colpirla?»

«Si divincolava, lottava.»

«Quante volte lo colpì?»

«Non lo so: due, tre volte... Poi arrivò Roy con il coltello.»

«Nella confessione lo definì un "coltello da carne". È questo? Lo riconosce?»

«Sì, è quel coltello.»

«Ci spieghi cosa fece, signor Jernigan.»

«Volevo colpirlo al collo, ma lui muoveva di qua e di là la testa e lo presi solo di striscio. Allora cercai di colpirlo al petto... Solo che la lama si piegò, non riusciva a entrare.»

«Il signor Hale continuava a gridare?»

«Gridava parecchio, sì.»

«Lei gli stava a cavalcioni sullo stomaco?»

«Sì, signore.»

«E a quel punto urlò a Roy di prendere il fucile?»

«Lo avevo visto sulla sedia, vicino all'entrata...»

«È questo fucile? Remington calibro 4.10, lo riconosce?»

«Sì, signore.»

«E cosa fece?»

«Gli sparai...»

«Quante volte gli sparò, signor Jernigan?»

«Tre volte. Le prime due lo colpii alla spalla e al petto...»

«Gli sparò dalla posizione in cui era, a cavalcioni... E sbagliò due volte?»

«È che il vecchio, il signor Hale voglio dire, riusciva sempre a liberarsi un braccio o l'altro: spostò due volte la canna.»

«Alla terza non ci riuscì.»

«In effetti no.»

«Lei gli sparò al collo.»

«Sì, signore.»

«E lo uccise.»

«Ero sconvolto...»

«Lei non era affatto sconvolto! Lei non può dirci che era sconvolto, signor Jernigan. È vero o non è vero che subito dopo gli prese il portafoglio con i 73 dollari?»

«Sì, signore.»

«È vero che lei ripulì il portacenere e il coltello?»

«Sì, signore.»

«È vero che lei si lavò le mani e la faccia nel lavandino del bagno. Si lavò dal sangue: perché lei era pieno del sangue della sua vittima, non è vero?»

«Sì, signore.»

«Ed era tanto sconvolto che gli slacciò l'orologio per prenderselo... Era tanto sconvolto da svuotargli persino il sacco della spesa: il caffè, lo zucchero, le birre...»

«Sì, signore, cioè no...»

«No cosa?»

«Ero diventato una specie di automa.»

«Lei dopo averlo ucciso continuò a rubare. Non era né sconvolto né era diventato un automa. Faceva quello che si era ripromesso dal momento in cui aveva deciso la rapina. Come aveva sempre fatto. Non uccise prima, solo perché non le capitò l'occasione... Grazie a Dio...»

«Se avessi avuto modo di fuggire... L'unica cosa a cui pensai è che non volevo tornare in galera. Solo questo, lo giuro. Non sapevo cosa fare, lui arrivò... Era troppo tardi.»

«Troppo tardi in tutti i sensi, signor Jernigan. Non ho altre domande.»

I dodici membri della giuria vennero accompagnati nella stanza a loro destinata alle 13 in punto del giorno seguente. Non chiesero né acqua né sandwich. Alle 13.06 firmarono all'unanimità la prima parte del verdetto: colpevole.

Restava da stabilire la pena. La legge dello Stato del Texas, articolo 37071, subordina la pena di morte a tre domande. La prima dice: «L'imputato agì intenzionalmente, sapendo che poteva causare la morte della sua vittima?». I giurati barrarono la casella «Sì».

La seconda dice: «Esiste la probabilità che l'imputato, in

futuro, possa commettere atti criminali di violenza che costituiscano una minaccia per la società?». Sì.

E infine la terza: «L'omicidio compiuto dall'imputato era un'azione del tutto sproporzionata al comportamento della vittima?». Sì.

Dice la Legge: «*With three "Yes", the sentence is "Death"*», con tre «sì», la sentenza è «Morte».

Come per la prima parte del verdetto, decisero all'unanimità. La differenza è che dovendosi contare per ben tre volte, impiegarono un tempo appena doppio: quattordici minuti.

Alle 13.30 il presidente del tribunale aveva di fronte a sé l'aula piena di giacche e facce sospese nel verde smeraldo, silenziose. Roy Lamb sapeva che se la sarebbe cavata. Paul sapeva che *non* se la sarebbe cavata. In più sapeva che avrebbe dovuto alzarsi in piedi appena il presidente lo avesse richiesto. Aspettava. Era pronto. Si aggiustò sulla sedia, era impacciato: la giuria non faceva altro che guardarlo.

Mark Ticer, l'avvocato: uccidere chi uccide non è giustizia, è vendetta

Dallas, Texas, oggi.

Al dodicesimo piano del 4144 Central Expressway – grattacielo nero tra le sopraelevate che tagliano in due il cielo di Dallas – si spalanca la porta ed entra, urlando, un cowboy: «Salve gente!». Indossa un paio di jeans sdruciti, stivali a punta ricurva, camicia a scacchi e cappello bianco.

Grida: «Mi aspettavi, ragazzo? Eccomi qua, sono tutto tuo. Alza le chiappe e seguimi in ufficio!».

La segretaria che fino adesso è rimasta impassibile come una porcellana, incastonata fra il computer e il muro, gonfia le guance rosse in un sorrisetto: «Ciao capo» sospira strizzando gli occhi. E si precipita a precederci tagliando l'aria lungo il corridoio che va dritto al suo ufficio.

Il cowboy è l'avvocato Mark A. Ticer, e nonostante le apparenze è uno dei migliori legali che si battono contro la pena di morte, qui in Texas. Per sei anni si è occupato di Paul Jernigan. Ha tre interi scaffali dedicati alla sua battaglia legale. Ha speso 45mila dollari di suo. E ne ha trovati altri 50mila dalle associazioni abolizioniste. Lui e Paul sono diventati amici. «Talmente amici, ragazzo, che il giorno in cui l'hanno fatto fuori, sono stato la sola persona non di famiglia con cui ha scelto di parlare. Vedi questo?» Mi mostra un cestino di legno in miniatura con sette banane che tiene sulla scrivania. «Lo ha fatto lui, giù al penitenziario, nei mesi in cui gli hanno permesso l'accesso al laboratorio. Lo ha spedito a me e a mia moglie, nel Natale del 1991. Quella volta abbiamo pianto.»

La segretaria che si chiama Olivia, capelli rossi, un paio di ballerine ai piedi, porta due caffè bollenti e un mucchio di fax, l'elenco delle telefonate, cinque lettere da firmare e la richiesta – a voce – di potersela filare due ore prima: «È sabato, avvocato... Io e Chris pensavamo di fare il week-end e portare i *bambini* in campagna...».

Lui guarda me. Guarda lei. Si concentra sull'unghia del proprio pollice. Sembra stia pensando. Invece scoppia in una specie di allegro ululato: «Uuuhh, certo che puoi andare... Sicuro! Non sarò io a rovinare il vostro matrimonio». Ride. Si rivolge a me: «Lo sai qual è la città degli Stati Uniti con il più alto numero di divorzi? Lo sai, ragazzo? È questa qui, Dallas!».

Mark Ticer ha quarantaquattro anni, corporatura media, un volume di voce del tutto sproporzionato. Ha incontrato Paul Jernigan nel 1988: «Il suo caso mi era stato segnalato dai ragazzi dell'Endeavor, un gruppo di Houston che si batte contro la pena di morte. Sono andato a trovarlo a Ellis One. Paul era una specie di gigante, ti dava l'idea che da un momento all'altro avrebbe potuto spezzare le manette, stracciare la grata e correre verso il primo McDonald's a farsi un doppio hamburger.

«L'ho conosciuto bene. Non era stato un bravo ragazzo, Gesù, non lo era stato proprio. Ma a suo modo lo era diventato. Ha vissuto libero diciotto anni su trentanove e in quei diciotto anni non aveva fatto altro che drogarsi, rubare e uccidere. Eppure, quando l'ho conosciuto io, era uno che ti parlava di anima, amore e sofferenza. Si era messo a leggere. Si era messo a pensare. Sapeva perfettamente quello che aveva fatto. Una volta mi ha detto: "Spero che i parenti della mia vittima mi dimentichino". Ho da qualche parte una sua lettera».

Da una cartella verde estrae un foglio, venti righe scritte a matita. Non c'è data. La scrittura è incerta e obliqua. Provo a immaginarlo sdraiato sulla branda della cella illuminata a giorno, magari dopo aver fatto la terza serie dei suoi mille addominali, scalati in un punto qualunque della notte, in un punto qualunque del tempo. Tuta bianca sudata. Silenzio, *come sempre*.

Paul scrive così: «Caro Mark, ogni tanto ho provato a mettermi nei loro panni. È duro dirlo, ma sono sicuro che nei loro panni proverei lo stesso odio. Ma non credo che per questo desidererei la morte di una persona. La morte non si può desiderare per nessuno se non in un momento di rabbia. Io so cos'è la morte. E anche gli uomini di legge dovrebbero saperlo.

«Soffro per aver ucciso quell'uomo. E anche se questo non cambia nulla, anche se questo non serve a ridargli la vita, so che non avevo nessun diritto di prendergliela. Ci penso ogni notte. È dura per me dormire ogni notte, perché non ho nessuno a cui rimproverare quello che è successo, se non me stesso.

«Così chiudo gli occhi e penso che tutti gli uomini, là fuori, vogliono uccidermi per questo. Io sono il Male. Ma sono anche un uomo.

«Quando tanti anni fa ero nell'aula del processo ho visto solo odio nelle facce di chi mi guardava. E a quel tempo, io odiavo loro. A quel tempo odiavo tutti. E il mio modo di odiarli era ignorarli.

«Oggi il mio odio è passato. Il loro no. E allora cos'è la

giustizia? Così a tutti gli uomini liberi io vorrei dire: punitemi, ma non uccidetemi. Punitemi perché ho fatto del male. Ma abbiate clemenza perché non sono il Male».

Mark Ticer chiude gli occhi, e quando li riapre ha una faccia più compassata, anche più dura: il cowboy texano è tornato avvocato. «Il mio cliente sapeva che lo avrebbero ucciso. Diceva: "Si vendicheranno, non vedono l'ora". Io mi sono battuto, per sei interi anni, contro questa vendetta.»

Gli chiedo: perché proprio lui?

E Ticer: «Perché era solo».

Gli chiedo: non sono tutti soli nei bracci della morte?

«In effetti Paul non aveva niente di speciale.»

Almeno fino a che è morto, gli dico.

Per l'ultimo appello, Ticer aveva chiesto una consulenza allo psichiatra Alan Hopewel che sottopose Jernigan a una serie infinita di test. La sua tesi finale «che i frequenti attacchi d'asma avessero pregiudicato un normale afflusso di ossigeno al cervello negli anni dello sviluppo» era stata respinta dalla Corte. Respinta pure la «contro-inchiesta» sulla sua *family history*, i rapporti durissimi con il patrigno, l'uso precoce di alcol e droga, lo scarso quoziente di intelligenza, l'assoluta mancanza di «educazione morale». Lui stesso, Paul Jernigan, aveva scritto in una richiesta di appello: «Nessuno è stato in grado di insegnarmi a distinguere tra il bene e il male. Mia madre, povera donna, era troppo occupata a sopravvivere».

Dice Ticer: «Non si trattava di dimostrare l'innocenza di Paul. Lui sapeva benissimo di essere colpevole e lo aveva ammesso. Si trattava invece di ottenere la commutazione della pena, non più morte, ma carcere a vita, con la possibilità, dopo venticinque o trent'anni, di ottenere la libertà vigilata. Chiedevamo una sola possibilità visto che lui non ne aveva avuta nessuna né dalla vita, né dalla sua prima difesa legale».

Alla fine fu Paul a dire basta.
«Fu lui sì.»
Lei non avrebbe mollato?
«No. E ti spiego perché, seguimi.»
Entriamo in una grande stanza: fotocopiatrici, scaffali, un enorme tavolo da riunioni coperto da pile di carta. «Qui c'è tutta la documentazione sulla pena di morte in America. Jernigan qui dentro scompare, è un granello di sabbia, una goccia nel mare.
«Ci sono, in questo momento, 3200 detenuti in attesa di essere fatti fuori da uno dei trentotto Stati in cui è stata ripristinata la pena di morte. E ti dico di più: che i 3200 condannati a morte sono un granello di sabbia, una goccia nel mare della popolazione carceraria oggi detenuta negli Stati Uniti d'America.»
Ticer scava nei fogli. Mette da parte. Scava. Mette da parte. Sono tutti numeri. Questi.
Popolazione carceraria: 1 milione 252mila.
In libertà condizionata: 2 milioni 670mila.
In libertà sulla parola: 531mila.
Totale: 4 milioni 453mila persone sotto il controllo penale.
Negli ultimi anni le carcerazioni sono cresciute a velocità esponenziale. Legge da un rapporto federale del 1991: «Oggi negli Stati Uniti si calcola che l'incremento delle detenzioni è pari a un fabbisogno settimanale di circa 1400 nuovi "letti carcerari"».
Mark Ticer estrae uno studio di Nils Christie, ricercatore dell'Università di Oslo. Legge: «Quasi la metà dei detenuti negli Usa è nera – esattamente il 42 per cento – nonostante gli afroamericani siano solo il 12 per cento della intera popolazione. Due rapporti hanno calcolato il numero dei detenuti maschi neri comparandoli con quelli in Sudafrica. Mezzo milione di maschi neri, in America, è detenuto in carcere,

questo vuol dire 3400 maschi neri ogni 100mila, il 3,4 per cento. In Sudafrica il rapporto scende a 661 maschi neri su 100mila, ovvero lo 0,7 per cento.

«Con il 3,4 per cento in prigione, probabilmente un numero una volta e mezzo superiore si trova in libertà vigilata o sulla parola, il che significa che fra il 7 e l'8 per cento dei maschi neri in America è sottoposto a una qualche restrizione legale».

Dice Ticer: «I rapporti, tutti ufficiali, sono datati 1991. Sai cosa vuol dire, ragazzo? Vuol dire che nel frattempo sono peggiorati e di parecchio. Vuol dire che se accanto ai neri tu calcoli anche i bianchi di bassa estrazione sociale, se calcoli i portoricani e le altre minoranze etniche, scopri che le carceri sono piene di *poveri* e *poveracci*. L'isteria poliziesca di questo Paese si scatena contro di loro al 99 per cento. E allora torniamo alla pena di morte. Se fatichiamo a tollerare questo stato di cose, la giustizia figlia della discriminazione economica, come possiamo ammettere che si arrivi all'estrema conseguenza di una esecuzione?».

Ticer si siede, lascia i fogli, dà un'occhiata alla finestra: «Su 4 milioni e mezzo di persone sottoposte alla legge, posso supporre che ci sia un numero altissimo di errori giudiziari e una quota ancora maggiore di ingiustizia pura e semplice. Ma so con certezza, con assoluta certezza perché sono dati ufficiali, che in questi ultimi vent'anni sessantasei persone sono state rilasciate dai bracci della morte perché sono sopravvenute le prove della loro innocenza. *Sessantasei.* E non è merito di avvocati particolarmente bravi o tenaci o fortunati. È merito del caso, dato che nemmeno un detenuto su dieci riesce ad avere un legale decente. La maggior parte dei condannati non ha soldi, non ha istruzione, non sa a chi appoggiarsi e si ritrova avvocati d'ufficio che al massimo riescono a rallentare o a rinviare l'esecuzione, ma senza occuparsi davvero del proprio assistito. Gli avvocati seguono i clienti che pagano, è *normale*. E perciò ai clienti poveri offrono solo ritagli di tempo, pigrizia mentale, noia.

«Aggiungi questo: che il 90, il 95 per cento degli americani è favorevole alla pena di morte. Più che favorevole: la vuole, la sogna, la *desidera*. Aggiungi che nessuna Corte è disposta a ignorare le paranoie delle proprie comunità. Così come i giornali non sono disposti a contrastare i gusti del proprio pubblico. E che tutti i politici, sindaci, governatori, deputati, senatori, non vedono altro che criminali in agguato da eliminare. Perché se non li vedessero sarebbero giudicati ciechi e nessun cittadino è disposto a eleggere un politico cieco. Persino Bill Clinton si è fatto fotografare mentre andava, *personalmente*, ad assistere a due esecuzioni nel suo Arkansas.

«Eppure» dice Ticer, battendo il dito sulla grossa scrivania, «eppure, nonostante questa paranoia collettiva, sessantasei condannati sono stati liberati. Scusaci, ragazzo, stavamo per farti fuori, ma adesso ci è capitata fra i piedi la prova che sei innocente. Perciò fila, puoi andare.

«Ora prendi il Texas. Dal 1976 a oggi ne ha fatti fuori 109 e ne ha altri 400 nel braccio di Huntsville. Nel frattempo la violenza è cresciuta. Ci sono 14mila reati l'anno, uno ogni tre minuti. E un omicidio ogni tre ore. Pensi che questo fatto suggerisca a qualcuno che la durezza delle detenzioni e la pena di morte non servano a granché? Niente affatto. A tutti i texani viene in mente una sola cosa: che la carcerazione deve essere ancora più dura e che la pena di morte è troppo lenta a colpire».

Dice: «Ecco perché io mi sono occupato di Paul Jernigan e avrei continuato a farlo. Non perché lui mi fosse particolarmente simpatico o perché gli volessi bene. Questo non c'entra nulla, anche se a me lui era particolarmente simpatico e gli ho voluto bene. No. Io ho seguito il suo caso e avrei continuato a farlo perché era *giusto*.

«Giusto, mi capisci? Non umano. Non amorevole. Non per compassione. O per buoni sentimenti. Ma per giustizia. Perché credo che questo Paese che amo abbia diritto a esercitare una giustizia giusta.

«Seguimi bene, in qualunque condizione, per qualunque reato, la pena di morte inflitta dallo Stato è un atto di ingiustizia. Non è ammissibile, non è tollerabile. È una forma di violenza che produce solo e solamente violenza. Che giustifica il sentimento della vendetta. Che lo insegna alla propria comunità. Che semplifica il compito di una nazione, esercitare il diritto, fino a ridurlo al risentimento del cittadino».

Bam! Ticer batte tutte e due le mani sul tavolo. Ride: «Ti ho raccontato tutto, ragazzo. Ora andrò di là, che devo occuparmi di certe pratiche contro le assicurazioni. Io odio le assicurazioni: chiedono soldi, ma non ne tirano mai fuori abbastanza e io sono qui a tutelare un bel po' di clienti che alla fine saranno generosi con il sottoscritto. Grazie a Dio le assicurazioni, oltre che disoneste sono anche stupide. Ingorde e stupide. E questo è l'unico loro dettaglio che amo».

Gli chiedo: ha mai cercato Jernigan dentro la rete?

E lui: «Perché avrei dovuto farlo?».

Curiosità, gli dico.

Lui alza le spalle. Corridoio, porta. Olivia è già sparita. Lui apre, si ferma, scuote la testa, mi dice: «No, non mi va di guardargli le arterie».

Ultimo desiderio: un paio di scarpe bianche; ultima dichiarazione: nessuna

Huntsville, Texas, 5 agosto 1993, Camera della morte, ore 00.23: «Ultima dichiarazione?».

Il detenuto tossisce tre volte. Silenzio.

Alle 16.10 del 4 agosto 1993 il cappellano Carrol Pickett entra a Ellis One. Lo perquisiscono. Il capitano Billy West lo aspetta al cancello interno: «Buonasera cappellano, come va?».

Paul Jernigan è appena rientrato nella sua cella. È stato accompagnato alla doccia e gli è stata consegnata una tuta pulita: i muscoli scattano a ogni gesto. Non parla.

Pickett cammina lungo il corridoio grigio del braccio della morte: sei cancelli si aprono in sequenza. A ogni cancello, una guardia resta e una segue. Il linoleum manda bagliori color acqua. Gli aprono la cella 105. Paul si volta. Il cappellano gli dice: «Sono venuto per te». Gli dice: «Se vuoi possiamo parlare, abbiamo due ore di tempo, poi ci sarà il trasferimento alla Wall Unit». Gli dice: «Io ti accompagnerò».

Paul si è seduto sulla branda: «Sto aspettando le mie scarpe».

«Scusa?»

«Le *miie* scarpe.»

Per l'esecuzione i condannati possono indossare capi d'abbigliamento personali. Paul ha scelto le scarpe. Al suo avvocato Mark Ticer ha indicato il numero, il modello, il colore, allegando, tramite l'Amministrazione, 94 dollari. Le scarpe sono arrivate il giorno prima. Paul non le ha ancora viste e le aspetta. Da un minuto all'altro arriveranno le *sue* Nike bianche.

«Adesso ho mal di testa» gli dice, restando seduto sulla branda.

«Non c'è fretta» dice il cappellano. Ripete: «Abbiamo due ore di tempo. E poi altre sei».

Otto ore alla mezzanotte. L'articolo 4314 del codice texano impone che le esecuzioni debbano essere portate a termine *entro l'alba* del giorno stabilito dalla sentenza. L'intervallo concesso è dalle 0.01 alle 5.59. In genere la procedura comincia appena scattata la mezzanotte.

Capitano West: «Facciamo il prima possibile per non aumentare la tensione dell'attesa».

Carl Edward Napier, condannato: «A loro piace ucciderci di notte».

Kathy Walt, giornalista: «Li ammazzano a mezzanotte, l'ora dei criminali».

Randall Wayne Hafdhal, condannato: «Qualunque ora, per me sarà sempre uno schifo».

Pat Batchelor, procuratore: «È la legge che stabilisce così».

James L. Beathard, condannato: «Non ho mai portato l'orologio».

Bobby Ross, ex sceriffo: «Mezzanotte? Un'ora vale l'altra».

Quando Paul sale – accompagnato da quattro uomini armati – sulla Chevrolet nera dell'Amministrazione, ai piedi indossa le Nike bianche e per tutti i corridoi ha camminato con attenzione lungo una direzione che non ha mai percorso: da dentro a fuori. Dalla segregazione, fino al cancello più esterno, stando attento, passo dopo passo, a come cambia la luce e l'odore dell'aria e i rumori.

Fuori. Fuori dal doppio reticolato di Ellis One, sullo spiazzo del parcheggio ci sono altri sei uomini armati di fucile e due auto della contea con il motore acceso. Li guarda senza apprensione, ma nessuno guarda lui. Partono: mancano poco meno di sei ore al 5 agosto.

Paul è ammanettato. Inspira. Volta lo sguardo da un finestrino all'altro: per lui si è come aperto un sipario e lo spettacolo è il mondo. Dopo dodici anni di luce elettrica, linoleum, segregazione e cemento, Paul viene investito dai colori e dallo spazio. La macchina sobbalza sullo sterrato. Ci sono rumori, scossoni e l'immobilità dei tronchi d'albero. Ci sono, tutto intorno, differenti tonalità di verde, ombre e macchie di sole. Ci sono onde violente di odori, il profumo della corteccia, fiori che non saprebbe riconoscere, umidità che esala dall'ombra, erba secca, polvere, legno, roccia, ma anche gas di scarico, benzina, le spalle dei guardiani ai suoi fianchi, odore di dopobarba, ma soprattutto: *il bosco*. Ci sono buche, sassi, sprazzi di cielo azzurro. Paul comincia a sudare. Quel 4 agosto, a Huntsville, il termometro segna 44 gradi all'ombra, e 79 per cento di umidità.

All'incrocio con la strada asfaltata, dopo venti minuti di altalena, il corteo di automobili si ferma per imboccare la corsia. Paul riconosce due pigliamosche con le loro code a forcella, che se ne stanno immobili sul filo elettrico, inquadrati da una nuvola bianca e sfilacciata. Il sole brucia in un lontanissimo ovest, impossibile da guardare, anche se *questa* è l'ultima volta.

Il corteo imbocca la statale 980, direzione sud. Nessuno in macchina parla. Cartelli annunciano: Huntsville dodici miglia.

L'ultima volta che Paul è stato su un'automobile, era ammanettato, aveva le portiere bloccate e una grata d'acciaio lo separava dallo sceriffo Bobby Ross e dal sergente Brian Dunagan che era al volante. Stavano non molto distante da qui.

Stavano sulla Highway 31, cinque miglia fuori Dawson, direzione nord. Era il 9 luglio 1981, più o meno a quest'ora. Da quarantotto ore era stato arrestato e da quarantotto ore non dormiva per via degli interrogatori condotti nella camera di sicurezza dello sceriffo. «Ricomincia da capo» gli diceva Ross. E lui riattaccava – «Gli stavo sopra con il fucile e lui non la smetteva di gridare, così ho sparato...» – fino a che gli fecero firmare la confessione definitiva: «Io sottoscritto, Joseph Paul Jernigan, nato a Geneva, Illinois...».

Da quarantotto ore beveva solo acqua e l'acqua gli bruciava lo stomaco.

Da quarantotto ore non aveva né alcol, né cocaina, né sigarette.

Da quarantotto ore era accusato di omicidio di primo grado.

Da quarantotto ore sapeva che *non* ne sarebbe più uscito.

Dunque erano in macchina. Il sergente Dunagan guidava pianissimo. Lo sceriffo Ross aveva in mano la mappa che Paul gli aveva disegnato e controfirmato alle 12.39 di quello stesso giorno alla presenza del giudice Hill. La mappa indicava i due punti in cui Paul aveva gettato il forno a microonde 8008 e soprattutto il fucile calibro 4.10 con cui aveva fatto fuori il vecchio.

Paul, da dietro la grata d'acciaio, chiese una sigaretta, *per favore*. Lo sceriffo Ross scosse la testa senza voltarsi, disse: «Non credo proprio».

C'è un gran sbattere di portiere quando la colonna con Paul Jernigan, detenuto 699 con «procedura di esecuzione in corso», si ferma al di là del muro di mattoni rossi della Wall Unit. Ultime immagini: un semaforo, uomini con il cappello, una bambina che ha puntato i piedi e vuol farsi trascinare dalla mamma. Ultimo rumore: un clacson.

Poi un corridoio sconosciuto, facce mai viste, anche se dentro alla solita luce del carcere. Al solito odore di candeggina e sudore. Poi serrature. Un tramonto di serrature.

Paul conosce la procedura. Dovrà aspettare la mezzanotte, nella Holding Cell, la cella dell'attesa, poi dovrà percorrere gli ultimi quindici passi verso la Death Room, la stanza a cui ha pensato per dodici anni. In un'intervista alla United Press del 1984 aveva detto: «Ogni volta che chiudo gli occhi mi appare come un flash, una vertigine...». L'ha immaginata in tutti i modi possibili: bianca, blu, rossa, nera, grande, piccolissima, rotonda, fluorescente, stretta, fredda, bollente, foderata, buia, illuminata, un pozzo, una macelleria, una botte, una stanza da dentista, un uovo, una spirale, una cantina. E *sempre* con una siringa appoggiata da qualche parte.

Cinque ore alla mezzanotte. Il cappellano Carrol Pickett entra in cella: «Vuoi pregare?». Paul prega. Poi chiede di rimanere da solo. «Torno tra un po'» gli dice il cappellano. Il tempo scappa via, Paul si sdraia, ripensa alle cose viste durante il trasferimento, il tempo in cella è uno spazio vuoto, mentre *fuori* è uno spazio pieno.

Fuori significa: il cielo e qualunque colore.

Fuori significa: essere in movimento.

Come ha scritto quella volta a sua madre? «Sono stato talmente tanto tempo dentro, che il carcere mi ha assorbito, sono diventato un pezzo di carcere.»

Fuori significa essere un pezzo di cielo, un colore in movimento, un uomo che cammina con la sua ombra. Il carcere gli ha aspirato l'ombra. L'ombra se n'è andata con il verdetto: «Colpevole». Essere senza ombra è parte della sua pena. La pena intera è: «Pena di morte».

Una guardia si è affacciata alla cella. Porta la cena. Il giorno prima Paul ha compilato il modulo. Ha segnato: due cheeseburger, patatine fritte, insalata verde con senape, tè freddo. Molti anni prima, allo psicologo di Ellis One aveva raccontato la faccenda del cheeseburger. Aveva otto anni, era l'inverno del 1962, tutta la famiglia stava ancora a Chicago e Don McHenry, il *vecchio*, dormiva già con sua madre anche se non erano ancora sposati. Lui una domenica rubò 40 centesimi alla madre, uscì di casa da solo e andò a comprarsi un cheeseburger. Il cheeseburger era la sua passione. Quando rientrò, vide la madre che piangeva, ma non riuscì a dire neanche mezza parola: il vecchio lo trascinò per i capelli nella stanza della madre, chiuse a chiave la porta, gli disse: «Ti insegno io a rubare».

Così il vecchio aveva preso una sedia, lo aveva fatto sedere a cavalcioni, con la spalliera premuta sulla pancia e gli aveva legato mani e piedi. Poi con la cinghia lo aveva battuto sulla schiena. La madre gridava al di là della porta, come se il vecchio stesse picchiando lei. Lui gridava, piangeva, e ondate di terrore gli serravano il respiro. Vomitò il cheeseburger. Il vecchio continuò a picchiarlo sino a che lui non chiuse gli occhi impedendo alla stanza di cadergli addosso. Quando si svegliò era a letto, ricordava le lenzuola bianche.

Anche adesso un lenzuolo bianco copre il letto. Che in realtà è la branda della Holding Cell. Stanno aprendo la porta. La guardia in uniforme grigia regge il vassoio da cui spunta la cannuccia del tè freddo. La guardia ha una faccia da ragazzo, lo guarda dritto negli occhi con una leggera apprensione.

Paul lascia scomparire la guardia dal suo campo visivo. Guarda il cibo e pensa che tra meno di quattro ore lui stesso sarà morto come quel pezzo di carne. Assaggia il tè. Ha lo stomaco chiuso come una lattina. Chiama la guardia, restituisce il vassoio. La guardia si richiude la porta alle spalle; a fine corridoio butta il vassoio nel contenitore dei rifiuti, segna sulla scheda: «*Refused last meal*», ultimo pasto rifiutato.

Tre ore alla mezzanotte. Rientra il cappellano Pickett: «Devi farti forza» gli dice.

«A che ora posso fare le mie telefonate?» gli chiede Paul.

«Tra un'ora.»

Pregano.

Alla Wall Unit arrivano, su automobili dell'Amministrazione, i responsabili ufficiali dell'esecuzione: sei uomini, una donna. Tutti e sette, appena dopo il tramonto, hanno cenato in famiglia, visto un po' di televisione, detto buonanotte ai figli, bevuto il caffè e letto i giornali. L'«Huntsville Item» e il «Corsicana Daily News» hanno la notizia in prima pagina: «Domani all'alba l'assassino verrà giustiziato». Lo «Houston Chronicle» la riporta nelle pagine interne con un servizio di 446 parole che inizia così: «Ha ucciso dodici anni fa e stanotte verrà giustiziato». Il pezzo è firmato Kathy Walt.

Dopo l'identificazione, i sette risalgono insieme il corridoio. Hanno il passo cauto delle grandi occasioni, la luce disegna piccole ombre sulle loro facce. A uno a uno, entrano nell'ufficio del direttore e si cercano una sedia.

Louis Carrillo, quarantatré anni, assistente del procuratore generale dello Stato del Texas. Soffre di ulcera e mastica in continuazione caramelle al rabarbaro. Dale Meyers, cinquantun anni, sceriffo della contea di Walker, un lottatore incravattato. Jerry Peterson, cinquantanove anni, direttore della Wynne Unit, alto, magrissimo, un poco curvo, un fazzoletto bianco in mano per arginare il sudore. Sharon Keilin, direttore centrale regionale del Texas Department of Criminal Justice, signora in biondo con tailleur crema. E il suo assistente Kent Ramsey, trentasette anni, l'unico che non se la sente di sedersi, considerandosi troppo poco in mezzo a tanti pezzi grossi. Charles L. Brown, assistente all'informazione del Texas Department of Criminal Justice, quarant'anni, capelli rasati a zero. E infine David Jones, sessantatré anni, il più alto di grado, responsabile degli Affari interni del Tdcj, occhiali scuri cerchiati d'oro. Vent'anni di enfisema gli hanno rallentato i gesti, toccherà a lui dare il via all'esecuzione. E toccherebbe a lui alzare il ricevitore del telefono rosso, se mai il governatore decidesse, all'ultimo momento, la grazia. Cosa che questa volta non può succedere. Il detenuto Jernigan non ha chiesto nessuna grazia.

«E perciò, Signore, concedi la grazia a Paul che ha tanto sbagliato e tanto pagato...» Il cappellano Pickett si fa il segno della croce. Paul si fa il segno della croce. Amen.

La guardia entra nella cella: «Puoi fare le tue telefonate» gli dice.

Escono tutti e tre dalla cella. A sinistra c'è la camera della morte, loro vanno a destra e Paul resiste alla voglia di voltarsi. *C'è ancora tempo*. Nello stanzino delle guardie, completamente vuoto a eccezione di un telefono e di una sedia, lo lasciano da solo.

Tre telefonate, tre volte ha pianto.

Prima telefonata all'avvocato Mark Ticer: «Sto bene, facciamola finita. E grazie di tutto. Anche delle Nike».

Seconda telefonata alla sorella Sharon: «Non vi lascio nessun buon ricordo. Solo cose cattive».

Terza telefonata alla madre Annabelle.

Annabelle Jernigan: «Ha chiamato alle undici di sera. Stavo seduta da ore su quella sedia a pensare a ciò che avrei potuto dirgli. Non sapevo neanche se sarei riuscita a parlare. Invece parlò lui. Mi disse che mi voleva bene, che tutti i suoi errori erano solo colpa sua, che non avevo nulla da rimproverarmi. E poi, ecco mi disse, così all'improvviso, che aveva promesso il proprio corpo a un'università... Alla Colorado University... E che il suo corpo sarebbe servito alla scienza. Mi disse che era la prima cosa buona che faceva, e l'avrebbe fatta morendo. Io non capivo, non sapevo, gli dissi: non avrò neanche un posto dove portarti i fiori. Lui mi disse: è andata così. Gli dissi: non puoi, non farlo Paul. Ti ho sempre voluto bene, gli dissi... Anch'io ti ho voluto bene, mi disse. L'avvocato Ticer ti spiegherà tutto. Spiegherà cosa? gli ho chiesto. Ti spiegherà cosa faranno del mio corpo».

Mark Ticer: «Mi aveva informato due settimane prima dell'esecuzione. Mi disse: sarà il mio biglietto per il paradiso. In effetti la giudicai una cosa buona. In fondo gli avevano già tolto tutto e dal suo punto di vista poter disporre del proprio corpo è stato, in un certo senso, il suo primo e ultimo gesto di volontà. In tutta la sua vita aveva lasciato che gli eventi decidessero per lui, la droga, il crimine, i giudici, le giurie, i regolamenti. Persino la morte: ora e data stabilita da altri. Quell'ultimo gesto, invece, era una sua decisione. Giusta o sbagliata che fosse, era una decisione soltanto sua».

Capitano West: «Tutti i condannati a morte ricevono dall'Amministrazione il modulo per le ultime volontà. Dispongono i dettagli delle ore finali e indicano se vogliono essere sepolti nella terra di Peckerwood Hill, cremati, consegnati ai famigliari. Una ulteriore possibilità è lasciare il proprio corpo alle università di Medicina degli Stati Uniti per scopi scientifici. Il detenuto Jernigan scelse questa possibilità. Naturalmente, visto che avrebbe subìto la morte per avvelenamento, sapeva che non avrebbero usato i suoi organi per trapianti o cose di questo genere... Non credo conoscesse i dettagli, ma sapeva che lo avrebbero congelato per poi farne qualcosa».

Trenta minuti alla mezzanotte. Nell'ufficio di David Nunnelee, a un isolato dal carcere e dalla camera della morte, i cinque giornalisti che assisteranno all'esecuzione stanno già tutti al telefono. Di diritto ci sono i reporter delle tre maggiori agenzie di stampa nazionali – Wayne Sorge della United Press, Mike Graczyk della Associated Press, John Gilardi della Reuters – più due giornalisti locali sorteggiati. È toccato a Robert Wernsman dell'«Huntsville Item» e a Kelly Merritt della Ktrh News Radio di Houston. Tutti hanno ricevuto la scheda di Jernigan compilata dall'Amministrazione. A parte i dati anagrafici e le precedenti condanne con i relativi numeri di protocollo, tutta la vita del detenuto Jernigan è riassunta in sette righe. Dicono così: «Jernigan è stato condannato alla pena di morte il 26 novembre 1981, per l'omicidio di Edward Hale, settantaquattro anni, di Dawson. I giudici hanno stabilito che Hale venne accoltellato numerose volte e colpito tre volte con il suo fucile calibro 4.10. Jernigan ha detto di avere ucciso Hale con il coltello e il fucile dopo la rapina perché temeva che l'uomo avrebbe potuto identificarlo».

Nunnelee dice: «Avete tutti le schede? Andiamo».

Nella stanza dei testimoni è già arrivato Bobby Jernigan, il fratello maggiore di Paul. Se ne sta da solo con la sua divisa da tenente della fanteria, 32° battaglione di stanza in New Mexico. Ha volato da Albuquerque a Houston. Ha affittato una Pontiac amaranto, ha mangiato un tacos al bar del Ramada Hotel dalle parti di Conroe e quando il cameriere gli ha chiesto se per caso stesse tornando a casa per un periodo di licenza, lui ha scosso la testa: «Business», affari, gli ha detto. Il cameriere lo ha lasciato in pace.

Per dodici anni Bobby è venuto a trovare suo fratello almeno un paio di volte all'anno. E così pure i due fratelli Charles e Fred e le due sorelle Sharon e Judith. Una dozzina di volte ci ha accompagnato la madre. E la madre piangeva sempre, specie quando ripartivano.

In tutto quel tempo la famiglia si è sparpagliata sulla grande tavola degli Stati Uniti d'America. Sharon e Judith vivono a Chicago, Illinois. Lui ad Albuquerque, New Mexico. Charles sta a Tucson, Arizona. Fred è salito al Nord, a Bagley, Minnesota, fra i Grandi Laghi e le montagne. Solo sua madre non si è mai spostata da Corsicana.

Il regolamento impone che all'esecuzione sia presente un solo famigliare del condannato e nessuno della vittima (anche se a partire dal 1995, il diritto ammesso nella sola Louisiana, si sarebbe esteso agli altri Stati, compreso il Texas).

La madre di Paul non se l'è sentita. E neppure Sharon e Judith. Neppure Charles e Fred. Così è toccato a Bobby, il maggiore della famiglia. Tocca a lui vedere come un ago in vena ucciderà suo fratello.

Due guardie fanno entrare i giornalisti nella stanza dei testimoni, sei sedie, una tenda di panno blu accostata al vetro che dà sulla camera della morte. Scriverà il giornalista dell'«Huntsville Item»: «Per tutto il tempo dell'attesa non si è sentito altro che il respiro del fratello e lo scricchiolio delle nostre penne sui taccuini».

Bobby, tre anni dopo quella notte, non ha nessuna voglia di stare al telefono: «Ricordo tutto», dice con voce cauta e sospettosa che arriva da una ronzante Albuquerque, «ma non ho intenzione di raccontare niente. Paul ha pagato. Il caso, per voi, è finito lì».

Finito, tempo finito.

Quattro guardie entrano nella cella di Paul. Lui si alza. Il cappellano gli tiene la mano. Il piccolo corteo, nel corridoio, volta a sinistra, per i famosi ultimi quindici passi raccontati da Kathy Walt. Ci sono persone che Paul non conosce, uomini che alla sua vista probabilmente immaginano se stessi – per un paio d'istanti, non di più – giusto il tempo di voltare lo sguardo.

Eccolo, dunque, il condannato. Alto, massiccio, i capelli rasati, la faccia tagliata dalla tensione. Tutto vestito di bianco, con le Nike bianche ai piedi, niente manette e le braccia inerti lungo i fianchi. È già un fantasma: il morto che cammina.

Gli spalancano la porta della camera della morte e al centro, dotata di una speciale iridescenza, la branda con le sei cinghie. È lì sospesa, una sola gamba centrale avvitata al pavimento a reggere la sua lunghezza longilinea di lama affilata e bianca.

Paul avanza di due passi e nonostante ci abbia pensato per dodici anni, la camera della morte non è come se la aspettava. La vedrà ora e mai più. È piccola quanto la sua cella, ma molto più illuminata. Tre pareti, coperte di mattonelle rettangolari, sono bianchissime, la quarta è blu cobalto. C'è un drappo cenere che copre per metà quella parete. Nell'altra, quella che corre parallela alla branda, undici sbarre proteggono il vetro che dà sulla stanza in penombra dei testimoni. Con lo sguardo cerca Bobby, lo trova, lo abbandona. Cerca la siringa. *Non c'è*.

Si stende e resta immobile, mentre differenti mani lo stanno legando. Un quarto del soffitto è occupato dalla grata della presa d'aria. E al centro scende il braccio di un microfono. La luce è accecante. Paul *non* chiude gli occhi.

«Il condannato Jernigan», scriverà Robert Wernsman dell'«Huntsville Item» nell'edizione del 6 agosto 1993, «appena entrato nella camera della morte ha cercato con lo sguardo il fratello Bobby. Si sono fatti un cenno di saluto.

Jernigan ha una faccia impenetrabile. Tra i due è il fratello Bobby a sembrare il più emozionato.

«Guarda fisso, mentre il detenuto viene steso sulla branda dell'iniezione. Nessuna resistenza. Le guardie sistemano le cinghie, due per le gambe, due all'altezza dell'inguine e del petto, due per le braccia che risultano stese perpendicolari al corpo, lungo un paio di assi imbottite, collegate al blocco centrale.»

Il cappellano Carrol Pickett, fermo sulla soglia, si è fatto il segno della croce. E Paul, visto dall'alto, è esattamente quella croce.

Dodici cartelle dattiloscritte regolano le procedure dell'esecuzione. Nella camera della morte ogni gesto, ogni secondo è ritualizzato e formalizzato.

00.12: i sette testimoni ufficiali stanno lungo la parete cobalto, tutti gli uomini hanno le braccia incrociate sull'inguine, come fossero in chiesa. Sharon Keilin le braccia le tiene conserte.

00.14: le quattro guardie hanno finito con le cinghie, escono.

00.15: entra il medico legale. Entra il cappellano. Escono cinque dei testimoni ufficiali che seguiranno l'esecuzione al di là del vetro. In alcuni Stati l'iniezione letale viene praticata a vista da un chimico incappucciato. In Texas no.

L'ago che quindici minuti dopo la mezzanotte viene infilato nel braccio sinistro di Paul è collegato a una cannula che corre lungo il muro, si infila in una stretta feritoia e raggiunge una piccola macchina idraulica sistemata nella stanza di fianco. In quella stanza c'è il chimico (anonimo e invisibile) addetto ad azionare l'afflusso di veleno.

Quindi il medico (anche lui anonimo) che ha appena infilato l'ago non è esattamente il boia, ma un suo assistente. Ha stretto il laccio emostatico appena sotto al bicipite di Paul, sfiorando le ali blu della farfalla tatuata. Poi ha passato una garza, quindi, appena la vena si è gonfiata sbalzando la pelle bianca, l'ha forzata con la punta dell'ago – 0,9 millimetri di diametro – facendo scivolare tre centimetri di acciaio dentro al corpo di Paul.

Quando ero andato a trovarlo, David Nunnelee mi aveva detto: «Noi siamo veloci a fare le iniezioni, le vene devono mantenere la pressione: bromuro-veleno-soluzione salina-veleno».

Veloci quanto?

«Sei minuti. Anche se in realtà il condannato muore nei primi dieci, quindici secondi.»

Lo sapete o lo supponete?

«Lo sappiamo: i veleni sono calibrati in base all'esperienza fatta.»

Cioè le prime volte avete sbagliato?

«Non direi questo.»

E cosa direbbe?

«Che man mano abbiamo abbassato i tempi di esecuzione e migliorato il cocktail.»

Il cocktail?

«Rendendolo più efficace.»

È vero che in alcuni casi l'ago è schizzato fuori dal condannato?

«È successo, ma una sola volta.»

È vero che almeno in tredici occasioni – dal 1983 a oggi – il boia ha impiegato fino a trenta minuti per trovare la vena del condannato?

«Da noi è accaduto un paio di volte, il che vuol dire due imperfezioni a fronte di una lunga serie positiva.»

Chi si occupa di comprare il veleno?

«Un funzionario dell'Amministrazione.»

E come lo comprate?
«All'ingrosso.»

Per tre minuti, la macchina idraulica fa affluire due intere fiale di bromuro, rilassante muscolare, mentre Paul resta immobile, lo sguardo fisso al soffitto. Il medico ripete l'operazione con il secondo ago che infila nella vena dell'altro braccio, il destro. È da lì che arriverà il veleno.

David Jones, il responsabile degli Affari interni del Tdcj si sposta in avanti di due passi verso il detenuto. Lo guarda dall'alto e senza chinarsi, dice: «Ora ha il diritto di parlare, ha un'ultima dichiarazione da fare?»

Paul tossisce tre volte. Il condannato che lo ha preceduto, Johnny Frank Garrett aveva gonfiato le vene del collo, alzando la testa verso il microfono: «Vorrei ringraziare la mia famiglia per l'amore e il conforto che mi hanno dato. Al resto del mondo dico: baciatemi il culo».

Paul tossisce altre tre volte. È lì, con le braccia spalancate, i due aghi infilati nelle vene, la tuta, le scarpe Nike ai piedi. Gli esce solo un filo di voce: «Nessuna dichiarazione».

I giornalisti annotano.

David Jones fa un passo indietro e *lentamente* si toglie gli occhiali. È il segnale.

Alle 00.25, dalla stanza accanto, la macchina stantuffa i primi due grammi di veleno, cloruro di potassio, che provoca l'arresto cardiaco. Seguono dieci milligrammi di soluzione salina – cloruro di sodio e acqua distillata – per ripulire le cannule e le vene del condannato evitando che il cloruro di potassio possa cristallizzarsi.

«Dopo aver rifiutato di pronunciare l'ultima dichiarazione, il detenuto Jernigan ha tossito debolmente per sei volte» scriverà Robert Wernsman.

Prima che il cuore si fermi del tutto – per trasportare il veleno è necessario che il sangue viaggi ancora per qualche secondo – parte verso il braccio destro l'ultima iniezione: due grammi di Thiopental di sodio, che paralizza la respirazione.

Il corpo di Paul ha un sussulto nel momento in cui la seconda dose letale irrompe nel sangue già avvelenato. Gli occhi si spalancano: *è la morte che arriva*.

E arriva mentre tutto intorno a lei resta vivo: gli sguardi, i rumori, i gesti, la luce. È scesa – la morte – a prendere un solo corpo, quello legato, quello che la aspettava da dodici anni: il corpo di Paul Jernigan, l'assassino, che è stato nutrito, tenuto vivo e segregato per finire qui, nella stanza che porta il suo nome, Death Chamber.

Il medico legale ausculta il cuore, controlla gli occhi, abbassa le palpebre. Poi estrae la penna e firma il modulo: da 31 minuti è il 5 agosto 1993. Il condannato è «ufficialmente morto».

Un funzionario chiude la tenda in faccia ai testimoni. Loro si alzano: rumore di sedie, colpi di tosse. Il reporter della United Press avvicina Bobby, gli chiede: «Dichiarazioni?». E Bobby gira appena la testa per inquadrargli gli occhi, restandosene seduto. Anche gli altri tre giornalisti si sono voltati. Nessuno fiata, si allontanano.

Bobby invece resta.

JPJ è tornato. Per sempre

Wilmer Hale, nipote della vittima, il giorno dopo l'esecuzione di Paul Jernigan dichiara: «Sono contento che sia tutto finito. Adesso so che non tornerà più nelle strade».

Ma Jernigan è tornato.

Il bioingegnere Victor Spitzer, prima di sera, ricompare nel bar di velluti, abat-jour e ghiaccio dello Sheraton Hotel qui a Reston, Virginia.

Chiedo: cosa le consente di bere la sua dieta?

E lui, ridacchiando: «Non faccio diete, rispetto regole...».

Quindi?

«Quindi berrò una Coca-Cola.»

Niente birra?

«No, oggi no. Dov'eravamo arrivati?»

Rivediamo un po' l'inizio, gli dico.

Lui pesca una manciata di noccioline arrivate sul vassoio insieme con la Coca e la birra. Beve, si mette comodo sulla poltrona. Racconta. «La *cosa* è nata nel 1988 quando Michael Ackerman, il direttore della National Library of Medicine si accorse che alla più grande collezione di immagini del corpo umano mancava ancora una cosa: la copia computerizzata, il modello digitale, di un essere umano. Fu varato un concorso e vennero stanziati 1,4 milioni di dollari da un centinaio di università federali. Io e il mio collega, il dottor David Whitlock, mandammo un progetto. Ce lo approvarono l'anno successivo, esattamente nel maggio del 1989. Ci sembrava di avere a disposizione un mucchio di denaro. Non sapevamo ancora che ci avremmo lavorato per cinque anni. Ackerman mi telefonò per complimentarsi: "Abbiamo la più completa fiducia in voi, ragazzi". A qual punto il problema numero uno era trovare un corpo che rispettasse gli standard dell'*everyman*, dell'uomo qualunque. A proposito: ha conosciuto il dottor Michael Ackerman?»

Ackerman lavora dentro un building tutto specchi nel centro di Washington. Ha una faccia curiosa, incorniciata da una barba sottile che va da basetta a basetta, ma senza i baffi, come un nazareno.

Gli ho telefonato tre volte. La prima era in Australia. La seconda in Canada. La terza volta stava rientrando a Washington da New York. La sua segretaria mi ha detto: «Dopodomani alle 5.15 del pomeriggio il dottor Ackerman ha venti minuti liberi. Se lei non conferma adesso, dovremo riparlarne tra due settimane».

Ackerman indossa un vestito grigio, panciotto grigio, camicia bianca e cravatta rossa. Ha un voce cordiale, anche se del tutto priva di emozione. Va subito al punto, a proposito dell'*everyman*, e del corpo standard. Andare subito al punto deve essere una sua specialità. Dice: «Standard significa che si doveva trovare un cadavere normale. Ma definire *normale* un cadavere è una contraddizione. I cadaveri non sono mai normali, altrimenti sarebbero vivi.

«Le vittime degli incidenti risultano deformate dai traumi. Le vittime di overdose, in genere, hanno corpi malnutriti. Chi muore di infarto ha cuori anormali. E in ogni caso, se c'è qualcuno che muore in buone condizioni, ci sono 50mila americani che ogni anno aspettano un trapianto di organi».

Spitzer: «A forza di cercare un corpo adatto, è successa una cosa curiosa, che un corpo ha cercato noi. Ci ha chiamato il dottor Andrew Payer, direttore del Programma Donazione organi dell'Università di Galveston, Texas. Aveva appena ricevuto dall'Amministrazione del carcere speciale di Huntsville, l'Ellis One, la richiesta di un condannato a morte che voleva lasciare il proprio corpo alla scienza.

«Dato che lo avrebbero ucciso con l'iniezione letale, gli organi del detenuto sarebbero stati inservibili. Così il dottor Payer pensò a noi e mi telefonò. Ho detto: fantastico! Mi sono fatto spedire tutte le sue cartelle cliniche, non credevo ai miei occhi. Cercavamo un maschio tra i venti e i sessantun anni e questo ne aveva trentanove. Cercavamo una corporatura il più possibile robusta, e il nostro uomo era una specie di culturista. Cercavamo un corpo senza traumi e lui non si era mai rotto neppure il mignolo. Gli mancava l'appendicite e un testicolo, quello destro: due dettagli trascurabili perché potevano essere facilmente integrati.

«E c'erano altri vantaggi. Era il 24 luglio e sapevamo con un buon anticipo il giorno, l'ora e il luogo in cui il detenuto sarebbe morto: nella notte fra il 4 e il 5 agosto, al piano terra della Wall Unit di Huntsville. Dunque avevamo dodici giorni di tempo per organizzarci ed essere in grado di prelevare, trasferire, congelare il corpo in pochissime ore. Così è partita l'operazione Visible Human Project».

Non c'erano voli notturni fra il Texas e il Colorado. Spitzer e Whitlock organizzarono un volo privato. Due ore prima che Paul Jernigan entrasse nella camera della morte, un piccolo Learjet atterrava all'Intercontinental di Houston mettendosi in parcheggio sotto i capannoni della United Airlines. Dall'aereo scese Allen Tyler, supervisore dell'Anatomic Service, salì su una station wagon che cominciò a correre verso Huntsville.

Ackerman: «La cosa era stata studiata nei minimi dettagli. Io e il dottor Spitzer, quella notte, ci tenemmo continuamente in contatto». Paul, dice Ackerman, non aveva la più pallida idea di quello che gli sarebbe successo, tranne che presumibilmente sarebbe stato congelato. «Noi invece sapevamo cosa avremmo fatto di lui *minuto per minuto*.»

A Huntsville, quella notte, quattro guardie in uniforme grigia hanno appena slegato il corpo di Paul, infilandolo in un sacco di plastica nera. Fanno scorrere la lampo, lo appoggiano su un carrello e ripercorrono a ritroso la stessa strada – due corridoi, cinque cancelli – fatta otto ore prima dal detenuto vivo.

Due uomini della Eubank Funeral Home di Huntsville caricano il corpo sul furgone nero, imboccano la Quattordicesima, girano a destra nella Avenue M, si fermano davanti al piccolo obitorio dove l'unica luce accesa è quella della sala autoptica.

La notte è afosa. Il tavolo di porcellana ghiacciato.

I becchini sfilano la busta di plastica nera, stendono il corpo, tagliano la tuta bianca, slacciano le Nike. Tutto finisce nell'inceneritore. Il corpo è ancora caldo.

La rete televisiva Cnn, più o meno a quell'ora, l'1.10, diffonde la notizia che Joseph Paul Jernigan, colpevole di omicidio, è il sessantaquattresimo detenuto giustiziato nello Stato del Texas dal 1976: «È morto subito dopo la mezzanotte, ucciso dall'iniezione letale. Non si registrano proteste davanti al carcere di Huntsville». La notizia dura diciotto secondi.

Allen Tyler esamina il corpo, dissigilla due grossi contenitori di plastica rossa fatti arrivare dalla facoltà di Medicina di Galveston, che contengono quattro litri di una speciale soluzione – acqua distillata, formaldeide, sorbatolo, metanolo – necessaria per rallentare i processi degenerativi del corpo.

Il liquido viene iniettato in differenti parti del corpo, sottopelle e in profondità. Allen Tyler lavora con una grossa siringa. Suda. Due volte piccole gocce di sudore cadono sul corpo di Paul Jernigan come fossero pioggia. Due volte Allen Tyler esce nella notte a fumare. Nessun rumore, caldo umido, il fumo resta sospeso.

Alle tre è tutto pronto. Il corpo di Jernigan, che adesso pesa quattro chili di più, viene steso in una cassa di acciaio, sopra a un sottile strato di ghiaccio secco. La cassa scivola dentro al furgone. Il furgone parte per l'aeroporto. Alle sei decolla il volo privato UA 785 che un'ora e quaranta minuti più tardi atterra allo Stapleton di Denver.

Più o meno alle 8.30, Spitzer e Whitlock girano intorno al corpo di Jernigan, steso sul tavolo del laboratorio High Research. «Sembrava dormisse» dice Spitzer. «Ho pensato: ecco il nostro corpo. Noi eravamo eccitati come due studenti davanti alla loro prima prova pratica di anatomia.»

Tre assistenti lavano e depilano il corpo. La tomografia computerizzata traduce in cifre i suoi parametri, mentre con i raggi X vengono analizzati i tessuti e le ossa. I parametri sono eccellenti, e così pure le informazioni sui tessuti.

Il corpo – che adesso si prepara a viaggiare nel tempo – si è come rimaterializzato. È una massa di carne liscia perfettamente glabra e fredda, colorata di un bianco-viola artificiale. Le gambe sono state raddrizzate e poi – con uno speciale adesivo blu a presa istantanea – sono state incollate fra loro. L'identico adesivo ha sigillato le braccia lungo il busto.

Spiega Spitzer: «Abbiamo sempre usato materiali di colore blu intenso affinché ci fosse un forte contrasto fra il corpo e il resto. Era necessario per avere un buon risultato nelle fotografie quando avremmo cominciato a tagliare». Nella prima notte il corpo viene congelato a una temperatura non troppo bassa, 12 gradi sottozero, per impedire che un cambiamento più brusco di temperatura possa danneggiare le cellule o addirittura spezzarle.

La mattina successiva è tutto pronto. Jernigan ora è uno strano soldato sull'attenti, un faraone texano, un alieno destinato a una speciale navicella spaziale, il potente congelatore dell'High Research Lab. – tre metri cubi di acciaio e cristalli pressurizzati – che si apre come un sarcofago, spandendo una tagliente nebbia ghiacciata. Il corpo scivola dentro a quello spazio d'aria immobilizzato dal freddo. In meno di venti minuti tutto ciò che trenta ore prima era un corpo bollente, viene seppellito nella voragine dei 70 gradi sottozero.

Spitzer: «Cinque mesi dopo, la mattina del 24 gennaio eravamo pronti per il primo grande taglio, gliene parlavo stamattina. Avevamo deciso di suddividere il corpo di Jernigan in quattro parti per renderlo maneggevole. Preparammo quattro casse, una cinquantina di centimetri l'una, riempite di gelatina blu: 95 per cento di acqua, 3 per cento di Knox Original Unflavoured Gelatine, 2 per cento di colorante blu. Quando tutto fu pronto cominciammo la rasatura vera».

Stamattina diceva *piallato*.

«Proprio così.»

Spitzer si aggiusta i capelli e ricomincia a raccontare il giorno per giorno di quell'avventura. «Gesù, lavoravamo dodici ore al giorno. Quattro mesi di inferno e di emergenze. Tutto si è rotto almeno una volta. Si è rotta la lama rotante. Si è rotto il computer. Si è rotto il meccanismo che archiviava le foto. Si sono rotte tutte e tre le macchine fotografiche. Dovevo risolvere una crisi al giorno.

«Però alla fine ce l'abbiamo fatta: 1871 tagli, tre fotografie per ogni taglio, digitalizzazione di ogni fotografia, assemblamento delle immagini per poter aggiungere alle due dimensioni di ogni semplice fotografia, la terza, quella della profondità.»

Dice: «A quel punto Jernigan è *risorto*».

Dice: «A quel punto, dentro i computer, Jernigan era di nuovo intero. Potevamo farlo ruotare su se stesso, attraversarlo, viaggiarci dentro, smembrarlo e ricostruirlo. Era l'atlante, il corpo che avevo sognato, la mappa tridimensionale di qualunque altro corpo che *finalmente* potevamo guardare, dentro e fuori, sopra e sotto, come nessun uomo aveva mai fatto prima. Mai».

Usciamo dallo Sheraton Hotel. C'è ghiaccio dappertutto e il cielo, verso le colline da cui tre ore fa è arrivata la notte, è un velluto nero senza stelle.

Jernigan potrebbe anche essere il nostro respiro, una trasparenza azzurra che l'aria ghiacciata disperde. Perché, in fondo, il ghiaccio blu è stata la sua ultima recinzione e poi la via d'uscita, dentro lo spazio incommensurabile dei numeri, lo spazio delle comete interstellari che si propagano nel vuoto.

Se il tempo è la sostanza di cui è fatta la memoria, Paul ha vissuto il tempo come condanna ed è morto senza (la nostra) memoria.

Per questo, un minuto prima di essere ucciso, immobilizzato da sei cinghie e da un completo terrore, non aveva più nulla da dire. «*Last statement? None.*» Ultima dichiarazione? Nessuna.

E *nessuno* si sarebbe mai più ricordato di lui, se non per dire: «Era un cattivo ragazzo». Oppure: «Si capiva che non avrebbe mai combinato nulla di buono». Niente di più che minuscoli frammenti di Paul seppelliti in posti che hanno a malapena un indirizzo, Corsicana, Waco, Huntsville, Dawson. In quei luoghi la vita è passata come fa la brezza, le tracce sono andate disperse, i ricordi si sono fatti più imprecisi, chi ha visto e chi c'era ha smesso di parlarne da tempo. Il giudice Pat Batchelor è invecchiato, Vicky Lynn ha inseguito altri guai, Bobby Ross si occupa di ingabbiare i vivi, Ellis One di accatastare i morti. Chi ha voglia di ricordarsi di un ragazzo violento, chiamato *l'assassino*, ora che persino la casa della sua vittima si va cancellando?

Ma ecco che la stregoneria digitale sceglie lui per l'esperimento. E proprio lui, Paul, opacizzato dalla memoria e dal tempo, viene eternizzato. Il suo corpo, trasformato in 17 miliardi di numeri, diventa memoria e tempo. Un frammento di crudeltà, un millimetro di conoscenza, che non ha più spazio né luogo perché adesso è nell'ovunque planetario della Rete.

Noi siamo la nostra storia e il tempo che per un istante ci ha sbadigliato intorno. Noi siamo l'amore, gli odi, i rancori, le sconfitte e la nebbia di parole che ci siamo lasciati alle spalle. Paul è qualcosa di più, perché il caso gli ha riservato un nuovo inizio.

L'atlante di sangue e ghiaccio blu ora ha anche la sua storia

L'ho visto. La stanza dell'High Research Lab. si è infilata in una notte senza luce, poi il terminale si è acceso. I cristalli hanno lampeggiato per la velocità del viaggio, ogni numero un mondo, ogni mondo risucchiato nell'imbuto del neroblu.

I miei occhi, davanti a questo vuoto pulsante, cominciano a intercettare una strana costellazione che galleggia nello spazio siderale dell'infinitamente piccolo. La costellazione si avvicina. La luce scivola e dove tocca crea una superficie. Derma, pori, cartilagini, capillari, nervature, tendini, muscoli, ossa. Polveri imbevute di luce pulsano e poi attraccano a disegnare qualcosa di familiare e mai visto, di sorprendentemente chiaro e sorprendentemente misterioso: la struttura dell'uomo, io, lui, voi, la matrice di quella macchina che ci contiene, strato dopo strato, dalla scatola cranica grigio cenere, fino al bianco poroso dei talloni, dalle profondità del cuore sbalzato nel buio, fino allo smalto azzurro della pelle.

Il corpo è nudo, *trasparente*.

Ora riconosco le quattro parti di Jernigan. Si sono saldate, infine, grazie a quel filo d'onda che si irrobustisce, vertebra dopo vertebra, nella dorsale che regge l'asse di tutto il corpo. Si chiudono le costole, si allungano il femore e la tibia.

Lì dentro c'era la vita.

Circondato dal nero, il corpo pulsa di un silenzioso azzurro, gira su se stesso, lungo gli assi ortogonali dello schermo senza lasciare ombre, definito come un sogno limpidissimo. Né afflizione, né dolore, ma l'immagine matematica di un uomo calcolabile in ogni punto, in ogni perfezione.

È l'immagine, dicono i tecnici dell'High Research Lab., più *pesante* dell'intera Rete. Significa quella più lunga da scaricare dentro i terminali: «Quattro giorni almeno, sempre che si possegga un computer abbastanza potente da reggerne il peso. Cinquanta volte l'intera Enciclopedia Britannica, un palazzo intero di numeri...».

Dice Spitzer: «E non potrebbe essere altrimenti, dato che tutti quanti noi siamo lui. *In un certo senso*». Noi siamo lui, penso, mentre sullo schermo l'immagine ruota, si espande, ingrandisce i dettagli, viaggia da un muscolo all'altro, entra nei polmoni, risale la trachea, disegna la corona dei denti, il palato, le labbra, il naso. E di nuovo fuori, si allontana, segue il profilo del naso. Ecco: riconosco finalmente la faccia, una luna bianca, appena espansa rispetto a quella vista negli archivi di David Nunnelee, alla voce Jernigan Joseph Paul, detenuto 699, Death Row. Gli zigomi sono arrotondati, i capelli scomparsi, il taglio delle guance è meno netto e così all'improvviso, mentre l'immagine sale ancora, mi accorgo che i suoi occhi non hanno più sguardo.

Penso: ma se, *in un certo senso*, tutti quanti noi siamo lui, che diritto avevamo?

Due giorni dopo, alla fine del viaggio, sono tornato a New York. Anche lì la neve della terza tormenta – sessantacinque centimetri in tre giorni – è diventata un unico grande blocco di ghiaccio scolpito dagli spazzaneve in muri, voragini, lastre e sconclusionate montagne che imprigionano le automobili abbandonate.

Di notte, vista dal ventinovesimo piano dell'Hilton Hotel, New York appare sospesa tre le onde di un mare vetrificato dal gelo. È una città senza più strade. Implosa. Un pezzo di universo che ha interrotto la sua espansione e aspetta, in solitudine, la clemenza di un prossimo disgelo.

Taccuini e mappe stradali riempiono il piccolo tavolo della stanza alle mie spalle. In quelle mappe c'è la conclusione di un viaggio e la ragione per cui valeva la pena raccontarlo. E riconosco la ragione davanti a questo spettacolo di grattacieli circondati dal buio, ora che ogni finestra debolmente illuminata sembra il rettangolo di un videoterminale acceso. Joseph Paul Jernigan è *anche* là dentro. Ed è, davvero, una parte di noi, quello che siamo stati e quello che saremo: un atlante di sangue e ghiaccio blu. Se ci ricorderanno.

Ringraziamenti

Devo le prime notizie su Joseph Paul Jernigan al mio amico Marco De Martino, una sera di metà anni Novanta a New York, in un ristorante indiano su Central Park.
Devo metà del viaggio americano al mio amico Gerald Bruneau, insonne fotografo francese, che ho ritrovato un anno dopo sotto il cielo blu del Texas.
Devo il titolo a (quasi) tutte le persone che ho incontrato laggiù. Ai loro gesti. Ai loro sguardi. E naturalmente alla morte riservata a uno di loro, che per la verità incontrerete anche voi.

Sommario

Finito di stampare nel dicembre 2024
per conto di RCS MediaGroup S.p.A.
da Rotolito S.p.A., Via Sondrio, 3, Pioltello (Milano)
Printed in Italy